# 电子商务专业教学创新探索与实践研究

卜艳桃◎著

吉林出版集团股份有限公司

全国百佳图书出版单位

**图书在版编目（CIP）数据**

电子商务专业教学创新探索与实践研究 / 卜艳桃著.
长春：吉林出版集团股份有限公司，2025. 4. -- ISBN
978-7-5731-6368-4

Ⅰ. F713.36

中国国家版本馆CIP数据核字第2025QL6906号

DIANZI SHANGWU ZHUANYE JIAOXUE CHUANGXIN TANSUO YU SHIJIAN YANJIU

## 电子商务专业教学创新探索与实践研究

| | | |
|---|---|---|
| 著　者 | 卜艳桃 | |
| 责任编辑 | 冯　雪 | |
| 装帧设计 | 清　风 | |

出　　版　吉林出版集团股份有限公司
发　　行　吉林出版集团社科图书有限公司
地　　址　吉林省长春市南关区福祉大路5788号　邮编：130118
印　　刷　长春新华印刷集团有限公司
电　　话　0431-81629711（总编办）
抖 音 号　吉林出版集团社科图书有限公司 37009026326

开　　本　787 mm×1092 mm　1 / 16
印　　张　13
字　　数　220 千字
版　　次　2025 年 4 月第 1 版
印　　次　2025 年 4 月第 1 次印刷

书　　号　ISBN 978-7-5731-6368-4
定　　价　58.00 元

如有印装质量问题，请与市场营销中心联系调换。0431-81629729

# 前　言

随着信息技术的迅猛发展和互联网的广泛普及，电子商务作为新兴的商业模式，日益改变着人们的生活方式和企业的运营模式。为了适应这一时代变革，电子商务专业教育应运而生，并迅速发展成为高等教育体系的重要组成部分。面对日新月异的电子商务行业，如何创新电子商务专业教学，提升实践教学质量，培养具有创新思维和实践能力的高素质电子商务人才，成为当前电子商务专业教育亟待解决的问题。

本书紧密围绕电子商务专业的相关教学内容，系统且全面地阐述了该专业在教学各个层面的要点。全书共分为八个章节，内容丰富翔实。第一章对电子商务专业教育进行概述，让读者对该专业的整体情况有初步认知；第二章深入探讨电子商务教学创新的理论与实践，剖析创新理念与实际操作的结合；第三章细致讲解电子商务教学资源的开发与利用，助力教学工作者有效运用各类资源；第四章着重聚焦电子商务教学与课程体系建设，为构建科学合理的课程体系提供思路；第五章详细阐释电子商务实践教学体系建设，强调实践教学在专业学习中的关键作用；第六章全面介绍电子商务教学质量评价与监控体系，以保障教学质量的稳定提升；第七章深入论述电子商务产学研合作与产教融合模式，探索专业发展的创新路径；第八章着重阐述电子商务专业师资队伍建设，突出师资力量对专业发展的重要支撑。

本书注重理论与实践相结合，既阐述了电子商务教学创新的理论基础，又提供了丰富的教学实践案例和经验总结，旨在为电子商务专业教师、教学管理人员及相关行业从业者提供一本全面、实用的参考书籍。

卜艳桃

2024年12月

# 目　　录

# 第一章　电子商务专业教育概述

## 第一节　电子商务专业的历史沿革

### 一、研究背景

随着互联网技术的飞速发展和普及，电子商务已成为全球经济的重要组成部分。电子商务不仅改变了传统商业模式，而且深刻影响了人们的生活方式和消费习惯。在这一背景下，电子商务专业应运而生，并迅速成为高等教育中的热门学科之一。然而，电子商务行业的快速发展和变化对电子商务专业的教学提出了新的挑战与要求。传统的电子商务专业教学往往侧重理论知识的传授，而忽视了对学生实践能力和创新能力的培养，导致学生在毕业后难以适应快速变化的行业环境，缺乏解决实际问题的能力。因此，如何创新电子商务专业教学模式，提高学生的实践能力和创新能力，成为当前电子商务专业教育改革的重要课题。

近年来，国务院相继印发了《关于促进信息消费扩大内需的若干意见》《关于大力发展电子商务加快培育经济新动力的意见》等文件，明确了促进信息消费的主要任务，指出要培育信息消费需求，大力发展电子商务。上述一系列政策推动了电子商务的迅猛发展，在创造新消费需求、引发新投资热潮、服务"双创"发展、推动电子商务与产业融合发展等方面作用显著，已逐渐成为经济发展新的助推器。然而，从电子商务专业建设情况来看，我国电子商务人才的培养仍存在诸多不足。电子商务专业是2000年经教育部批准设置的普通高等学校本科专业。截至2023年，全国有543所高校相继开设了电子商务相关专业，但由于办学时间相对较短、学科定位不精准、专业师资缺乏、教学平台和手段单一、教学体系创新不足等因素，电子商务专业的毕业生实践能力较弱，就业率普遍低于行业平均水平。由此来看，应用型本科高校电子商务专业急需变更原有模式，培养符合企业和社会需要的应用型电子商务人才。

## 二、文献综述

### （一）国内研究现状

在审视国内电子商务应用型人才培养的现状时，一个显著的问题是高校培养方案与课程体系的独特性不足。彭岚指出，尽管国内电子商务专业的课程体系框架在宏观上借鉴了美国的模式，但在追求"复合型"人才培养的过程中，课程设计往往过于追求全面，却忽视了对专业核心竞争力的构建。特别是分析类与设计类课程的发展滞后，课程体系未能紧密围绕职业需求的核心课程集群进行构建，导致经管类课程与技术类课程只是简单并列，未能实现知识融合与互补的增效作用。[①]

随着电子商务行业对实践能力要求的提高，实践课程在课程体系中的重要性日益显著。然而，李文涛的研究揭示了电子商务实践课程建设面临的诸多挑战。实践教学资源的有限性、学生对实践课程的认知缺乏、实践教材的更新滞后，以及与应用型人才培养目标的脱节，都阻碍了学生有效掌握核心技能，进而影响了他们的学习动力。此外，互动教学平台的不足也限制了学生实践能力的深入发展。更为关键的是，课程设置的制度框架尚不健全，缺乏系统性规划，"互联网+"技术在实践课程中的融合应用也显得捉襟见肘。这些问题共同导致了课程设置的不合理性，对电子商务应用型人才的培养构成了障碍。[②]在此背景下，李立威通过对比中美电子商务专业课程，提供了相关建议。他指出，与美国高校相比，我国高校电子商

---

[①] 彭岚，王娟涓. 高校电子商务应用型人才培养的问题与对策［J］. 教育理论与实践，2020，40（30）：13-15.

[②] 李文涛，孙雨耕. 实践育人：应用型本科院校电子商务专业实践课程体系构建策略的再思考［J］. 中国职业技术教育，2020，28（2）：38-43.

务课程在涵盖广泛商务知识的同时，也设置了丰富的专业课程，并更加注重互联网技术对传统商务模式的变革影响。然而，这种课程设置上的广泛性与深度性并存也带来了挑战：课程设置显得分散，缺乏聚焦与深度。因此，如何在保持课程广泛覆盖的同时，提升课程的深度与专业性，成为当前电子商务应用型人才培养亟待解决的关键问题。①

电子商务作为应用型人才培养专业，必须注重产教融合和校企合作。沈忠华将电子商务专业作为典型，探究应用型人才培养，指出电子商务专业在人才培养中要充分融入产业特点、学科特色和学校自身定位，确立"岗位胜任力、专业发展力和社会适应力"的培养理念。具体到课程中，就是要构建可持续发展的课程体系，通过专题报告—系列讲座—选修课程—必选课程递进的方式，将电子商务产业发展带来的新理念、新知识纳入课程体系，让课程既符合商科学生培养的内在逻辑，又能较好地应对产业发展的变化。②然而，随着电子商务行业的蓬勃发展，罗胜揭示了实验教学环节面临的困境，即传统教学模式难以满足日益增长的实践能力培养需求。他呼吁高校应从培养目标与教学资源两个方面着手，通过深化校企合作、实战操作（电商平台运营）等多元化教学方式，有效提高学生的实战能力。③王昂进一步聚焦电子商务（运营）本科专业的人才培养模式问题，指出当前教育体系中存在的理论与实践脱节现象，这不利于学生的长远发展及行业需求的满足。他强调，高校应紧密跟踪电子商务企业的最新发展，勇于创新人才培养模式，让学生在实践中学习、在实战中成长，从而精准对接市场需求，培养出真正符合行业期待的优秀人才。④林敏军指出，在高等教育大众化与科技进步的背景下，实践教学对于培养高层次应用型人才至关重要。教师应结合地域特色与行业发展水平，以社会需求为导

① 李立威，薛万欣. 中美高校电子商务本科专业教育比较研究［J］. 现代情报，2011，31（2）：115–118+121.

② 沈忠华. 地方高校应用型人才培养的探索与实践——以电子商务专业为例［J］. 中国大学教学，2015，37（11）：48–49.

③ 罗胜. 应用型本科院校电子商务专业实验教学改革探讨［J］. 科教文汇（上旬刊），2021（10）：112–113.

④ 王昂. 电子商务（运营）本科专业人才培养模式研究［J］. 山西农经，2020（11）：110–112.

向，设计并实施具有针对性的实践教学活动。这样不仅能提升学生的专业技能，而且能培养其解决问题的能力与综合素质，为社会主义建设输送既懂技术又懂管理的复合型人才。①

综上所述，电子商务应用型人才培养是一个系统工程，需要产教融合、校企合作、实践教学与人才培养模式的全面革新。通过这些努力，我们不仅能够培养出适应行业发展需求的高素质人才，而且能够为电子商务行业的持续繁荣与社会的全面发展贡献力量。

**（二）国外研究现状**

电子商务这一概念起源于20世纪90年代，并随着其在全球范围内的蓬勃发展，电子商务专业应运而生，成为众多国家高等教育体系中的重要组成部分。这一专业不仅是电子商务实践应用的直接体现，而且是管理科学、信息科学、行为科学、计算机科学、服务科学等多学科交叉融合的新兴领域。随着电子商务行业的日益兴盛，国外诸多高等学府纷纷开设此专业，以期培养适应时代需求的专业人才。通过梳理相关文献，不难发现，尽管美国、英国、德国等发达国家在电子商务课程的开设上走在了前列，但从课程建设的微观层面进行深入研究的成果却相对稀缺。国外的研究多是从宏观角度探讨职业教育的专业课程体系，对于电子商务这一具体专业或学科的课程建设缺乏足够的关注。鉴于技术时代的日新月异，电子商务课程内容必须随之调整，以确保学生能够在激烈的全球竞争中立于不败之地。因此，有研究者建议，电子商务课程应融入商业教育内容，以满足学生对电子商务知识的需求，并着重强调那些对学生就业至关重要的技能，从而帮助学生在不断演变的技术环境中保持职业竞争力。

在电子商务专业的课程设置上，美国高校倾向于将其归属于计算机学院，课程体系以计算机课程为核心，同时融合经济管理类课程，形成独特的教学模式。卡耐基梅隆大学便是这一模式的典范。该校将电子商务专业的就业目标锁定在网站策划、开发、运营等中高端职位，这些职位不仅要求学生掌握网络应用和技术，而且要求学生具备一定的经营管理知识。英国高校在

---

① 林敏军. 应用型本科院校电子商务专业实践教学改革研究［J］. 大学，2020（19）：40-41.

电子商务课程的构建上不仅重视学生实际工作能力的培养，而且格外注重其管理或领导电子商务活动的能力。因此，英国的课程体系中往往融入了更多的组织管理类课程，旨在培养学生的经济管理素养。德国的双元制课程体系在电子商务人才的培养上则展现出独特的实践导向。通过校企合作的方式，企业不仅为电子商务专业的发展提供资金支持，而且直接参与课程的设计与教学，使得职业教育专业体系更加完善。在这种模式下，学生能够参与更多的实践课程，从而培养出更加丰富和多元的实践技能。因此，在德国电子商务专业的课程建设中，实践课程的开发受到了高度重视。

## 三、电子商务专业的发展历程

### （一）萌芽与起步期（1997—2000年）

在我国，电子商务的概念最初是从国外引入的。随着20世纪90年代中期互联网的逐渐普及，人们开始意识到这种新型的信息技术将会对传统的商业模式产生深远的影响。电子商务作为互联网技术与商业活动的完美结合，被看作是未来商业发展的新趋势。电子商务的引入不仅仅是一个技术或商业模式的更新，更是一种全新的商业思维的引入。它打破了地域限制，使得商业活动可以更加便捷、高效地进行。同时，电子商务也为企业提供了一个全新的市场渠道，使得企业能够更广泛地接触到潜在客户，从而扩大了商业机会。在电子商务概念引入后不久，我国便开始了对这一新型商业模式的初步实践。1997年，中国化工网的上线标志着中国电子商务实践的起步。作为中国首家垂直B2B网站，中国化工网为化工行业的企业提供了一个全新的交易平台。企业可以通过这个平台发布产品信息、寻找合作伙伴、进行在线交易等，大大提高了商业活动的效率。在这一时期，电子商务主要集中在大宗商品交易和企业间的采购活动，为我国的经济发展注入了新的活力。

随着电子商务在我国的初步实践，学术领域也开始对这一新型商业模式进行深入的探讨和研究。学校和研究机构纷纷开始关注电子商务的发展趋势，并尝试开设相关课程，以培养专业的电子商务人才。在学术研究方面，学者们主要对电子商务的理念、商业模式、技术支撑等方面进行深入研究。他们通过分析电子商务的实际案例，探讨其成功的经验和存在的问题，为电子商务的进一步发展提供了有益的参考。同时，学者们还开始关注电子商务对传统商业模式的影响和冲击。他们指出，电子商务的兴起将会改变传统的商业格局，使得商业活动更加便捷、高效。电子商务也面临着诸多挑战，如信息安全、物流配送等问题，这些都需要学者们进一步加强研究和实践。此外，学术领域还积极推动电子商务的跨学科研究。电子商务作为一个融合了信息技术、商业管理、市场营销等多个学科的领域，需要不同学科的共同努力来推动其发展。学者们应积极寻求与其他学科的合作与交流，共同推动电子商务理论的创新和实践应用。

**（二）寒冬期（2000—2003年）**

进入21世纪初，我国电子商务行业经历了前所未有的挑战。在前期，由于市场对电子商务的乐观预期，许多企业纷纷涉足该领域，进行了大规模扩张。这种快速的扩张往往伴随着巨大的资金投入和运营成本的增加。当市场环境发生变化或企业自身的运营管理出现问题时，这种扩张策略的风险便逐渐暴露出来。具体来说，电子商务企业在物流、管理等方面面临着巨大的挑战。物流体系的不完善导致商品配送效率低下，客户满意度降低；管理上的漏洞则可能引发内部混乱，甚至导致企业运营陷入困境。这些问题在寒冬期被进一步放大，不少电子商务企业因资金链断裂而倒闭，整个行业经历了一轮残酷的洗牌。

尽管寒冬期给电子商务行业带来了巨大的冲击，但它也催生了行业的深刻反思与变革。这一时期，幸存下来的企业开始重新审视自身的商业模式和运营策略，寻求更为稳健和可持续的发展路径。同时，行业内的竞争格局也发生了变化，优质企业逐渐脱颖而出，成为行业的佼佼者。更重要的是，寒冬期促使电子商务行业更加注重核心竞争力的构建。企业开始关注客户需求、提升服务质量、优化物流体系等方面，以提升自身的市场竞争力。这些努力为电子商务行业的后续发展奠定了坚实的基础。

在电子商务寒冬期，学术领域也展现出了积极的响应和深入的研究态度，学者们开始更加深入地探讨电子商务的商业模式、技术支撑、法律法规等方面的问题，旨在为行业的健康发展提供理论支持。首先，在商业模式方面，学者们通过分析寒冬期中的企业案例，揭示了电子商务商业模式的优劣及其适应市场变化的能力。在技术支撑方面，学者们关注了电子商务平台的架构设计、信息安全、数据处理等关键技术问题。他们致力于研究如何增强电子商务系统的稳定性和安全性，以及如何利用大数据技术来优化用户体验和提高企业的运营效率。这些研究为电子商务技术的创新和应用提供了重要的理论支撑。在法律法规方面，学者们针对电子商务领域的法律空白和监管难题进行了深入研究。他们探讨了消费者权益保护、知识产权保护、网络交易规范等法律问题，并提出了相应的立法建议和监管措施。

**（三）复苏与回暖期（2003—2005年）**

随着互联网技术的普及，网络购物逐渐成为人们日常生活的一部分。越来越多的网民开始接受并尝试这种新型的购物方式，电子商务的市场规模因此逐渐扩大。这一时期，电子商务平台如雨后春笋般涌现，为消费者提供了丰富的商品选择和便捷的购物体验。与此同时，中小型企业也开始从B2B电子商务中获得订单和销售机会。这种新型的商业模式不仅降低了企业的运营成本，而且拓宽了销售渠道，使得"网商"的概念逐渐深入人心。电子商务的复苏不仅推动了商业模式的创新，而且为经济发展注入了新的动力。

随着电子商务市场的快速发展，行业对专业人才的需求日益增长。为了满足这一需求，越来越多的学校开始设立电子商务专业，培养具备信息技术和商业知识的复合型人才。这一时期，电子商务专业正式进入学校教育体系，成为一个独立且重要的学科领域。学校电子商务专业的设立不仅为行业输送了大批专业人才，而且推动了电子商务理论的深入研究和实践应用。这些专业人才不仅具备扎实的信息技术知识，而且了解商业运营和市场营销等方面的知识，为电子商务的快速发展提供了有力的人才保障。在电子商务复苏阶段，学术领域也展现出了对电子商务的深入研究和探讨，学者们开始从多个角度剖析电子商务的发展现状和未来趋势，为行业的健康发展提供有益的参考。他们对电子商务的商业模式进行了深入研究，这些研究为企业选择合适的商业模式提供了有益的指导。他们开始关注电子商务中的消费者行为和市场营销策略，通过分析消费者的购物动机、决策过程和购买行为，揭示了电子商务中消费者行为的规律和特点。

同时，他们还探讨了有效的市场营销策略，以帮助企业更好地吸引和留住消费者。此外，他们还对电子商务中的法律法规和伦理道德问题进行了深入研究。他们探讨了网络交易中的消费者权益保护、数据安全和隐私保护等问题，并提出了相应的解决方案和制度建议。

**（四）电子商务纵深发展期（2006年至今）**

**1. 电子商务市场的快速扩张与商业模式的多元化**

进入21世纪，随着传统企业和资金大规模流入电子商务领域，该行业迎来了前所未有的发展机遇。这一时期，B2C、C2C等多种商业模式并存，且每一种模式都得到了充分的发展和创新。这种多元化的商业模式不仅满足了消费者多样化的需求，而且为企业提供了更多的市场机会和盈利空间。市场的快速扩张得益于互联网技术的不断进步和普及，以及消费者对于网络购物的接受度日益提升。电子商务平台逐渐成为家喻户晓的品牌，网络购物也成为人们日常生活的重要组成部分。此外，企业的积极参与和资金的大量投入，也进一步推动了电子商务市场的繁荣。

**2. 电子商务专业在学术领域的全面发展**

随着电子商务市场的蓬勃发展，学术领域中的电子商务专业也迎来了快速发展的时期。高校不仅设立了电子商务专业本科教育，而且逐渐开展了硕士、博士等高层次的人才培养。这一变化标志着电子商务专业教育体系的逐步完善，也为行业输送了更多高素质的专业人才。在研究方向上，电子商务专业的研究领域也得到不断拓展和深化，从最初的电子商务技术、运营管理等基础领域逐渐延伸到电子商务法律、消费者行为、市场竞争策略等更深层次的研究领域。这些研究不仅丰富了电子商务专业的理论体系，而且为行业的健康发展提供了有益的指导。

**3. 学术研究与行业实践的紧密结合**

在电子商务快速发展的背景下，相关的研究机构和学术活动逐渐增多。这些机构和活动为学者们提供了广阔的交流平台，促进了学术研究的深入和行业发展的创新。学者们通过学术交流和研究合作，不仅推动了电子商务理论的完善和发展，而且将研究成果应用于行业实践，为电子商务行业的持续发展提供了有益的指导和支持。例如，通过对消费者行为的研究，企业可以更加精准地定位市场需求，制订有效的营销策略；通过对电子商务法律的研究，可以为企业合规经营提供法律保障，降低经营风险。此外，学术机构还积极与企业合作，共同推动电子商务技术的研发和应用。这种产学研相结合的模式不仅加速了科技成果的转化，而且为行业的技术创新提供了源源不断的动力。

## 第二节　电子商务专业教育的目标与定位

### 一、电子商务专业教育的目标

#### （一）培养具备全面素质的电子商务专业人才

学生需要深入理解和掌握电子商务的基本概念、原理及发展趋势，包括但不限于电子商务模式、电子商务技术、电子商务法律与伦理等核心知识体系。通过系统学习，学生能够全面认识电子商务的运作机制，为后续的实践操作和创新研发奠定坚实的理论基础。为了培养学生扎实的理论基础，电子商务专业课程应被精心设计，确保涵盖电子商务的各个领域。同时，教学方法也应注重启发式教学和案例教学，引导学生主动思考和探索，从而深化对理论知识的理解。此外，定期的测试和考核也是检验学生理论掌握情况的重要手段，通过反馈机制帮助学生查漏补缺。电子商务专业人才需要熟练掌握各种电子商务平台和工具的使用，包括网站建设、数据分析、网络营销等技能。这些技能的培养不仅需要理论知识的传授，而且需要大量的实践操作机会。电子商务专业教育应重视实验室和实践基地的建设，为学生提供充足的实践资源。通过实验课程、项目实训等方式，让学生在真实的电子商务环境中进行操作，从而锻炼和提高他们的技术操作能力[①]。此外，与企业的合作也是提高学生技术操作能力的重要途径。通

---

[①] 林云芳. 以实践能力为中心的电子商务概论课程实训教学方法研究 [J]. 山西青年，2024（12）：87—89.

过校企合作项目，学生可以接触到前沿的电子商务技术，从而更好地适应行业发展的需求。

电子商务专业人才需要具备敏锐的市场洞察力，能够准确把握市场动态和消费者需求，为企业的战略决策提供有力的支持。这种能力的培养需要学生在学习过程中不断关注行业动态，通过对市场进行分析和调研，提升对市场的敏感度和判断力。同时，良好的商业道德素养也是电子商务专业人才不可或缺的品质。在电子商务活动中，诚信、公正和负责任的态度是建立长期商业关系的基础。电子商务专业教育应注重培养学生的商业道德意识，可通过案例分析和道德讨论等方式，引导学生树立正确的商业价值观。

**（二）促进学生创新思维与创业能力的培养**

教师需要转变传统的教学观念，将创新教育贯穿整个教学过程。这包括重新设计课程体系，使其更具开放性和灵活性，以适应不断变化的市场需求和技术发展。为了激发学生的创造力，教师可以采用问题导向的教学方法，鼓励学生自主提出问题、分析问题和解决问题。通过设定具有挑战性和探索性的课题，引导学生进行深入的研究和实践。此外，教师还可以利用现代信息技术手段，如虚拟现实、大数据分析等，为学生创造更加逼真的电子商务环境，让他们在模拟实战中培养创新思维。通过分析真实的电子商务案例，学生可以学会如何在复杂多变的商业环境中发现问题，进而对问题进行深入剖析，并提出切实可行的解决方案。此外，教师还应该注重培养学生的批判性思维。批判性思维是创新思维的重要组成部分，能够帮助学生从不同的角度审视问题，发现问题的本质和根源。通过组织讨论、辩论等活动，教师可以引导学生学会质疑、反思和批判，从而培养他们的独立思考能力和创新精神。[①]

教师可以通过邀请企业家、创业者举办讲座或工作坊，分享他们的创业经验和故事，从而激发学生的创业热情和信心。同时，教师还应该注重培养学生的市场调研和分析能力，通过教授市场调研的方法和技巧，引导

---

① 李军. 电子商务创新创业［M］. 北京：北京理工大学出版社，2020.

学生学会如何收集和分析市场信息，把握消费者需求和行业趋势。这将有助于学生在未来的创业过程中做出明智的决策，抓住商业机会。除了理论知识的传授之外，教师还应该为学生提供实践机会，通过组织创业计划大赛、创业实训课程等活动，让学生在实践中体验创业的全过程，从而培养他们的创业实战能力。这些活动不仅可以帮助学生将理论知识转化为实践技能，而且可以为他们的创业之路积累宝贵的经验。

**（三）拓宽学生的国际化视野，提高跨文化交流能力**

在全球化背景下，电子商务的理论和实践都在不断更新与发展，国际市场上涌现出许多创新的商业模式和成功案例。教师需要密切关注国际电子商务的最新动态，及时将这些前沿理论和实践案例纳入教学内容。通过引入国际前沿的电子商务理论，学生可以接触到更广阔的知识领域，了解不同国家和地区的电子商务发展状况，从而拓宽他们的国际化视野。同时，通过分析国际上的成功电子商务案例，学生可以学习到先进的商业模式和运营策略，为未来的职业生涯作好充分的准备。除了引入国际前沿知识之外，教师还应积极开展多元化的国际交流活动，包括学生互访、学术研讨会、国际合作项目等，旨在为学生提供与国际同行交流和学习的机会。通过这些活动，学生可以深入了解不同文化背景下的电子商务实践，增强他们的跨文化意识，提高他们的沟通能力。在国际交流活动中，教师应鼓励学生积极参与讨论和分享，培养他们的国际视野和全球思维。同时，教师还可以利用这些活动建立与国际学校或企业的合作关系，为学生提供更广阔的实习和就业机会。

为了提高学生的这一能力，电子商务专业教育应注重提升学生的外语水平和跨文化交际技巧。教师应加强外语教学，提升学生的外语水平。外语是跨文化交流的基础工具，熟练掌握外语有助于学生更好地理解和适应不同文化背景下的电子商务环境。教师应通过角色扮演、模拟商务谈判等方式，培养学生的跨文化交际技巧。这些技巧包括如何尊重和理解不同文化、如何妥善处理文化差异带来的沟通障碍等。

## 二、电子商务专业教育的定位

### （一）专业目标定位

首先，明确将电子商务专业研究对象定位于数字产品。长期以来，经济、管理类专业都是以实物产品作为研究对象的，对其研发、生产、物流、销售和服务进行了系统研究，得出了丰硕的理论成果。然而，作为一种新兴的技术型产品，数字产品有着不同于实物产品的本质特征，它的经营管理活动在理念、模式和手段上也与实物产品有着较大差异，甚至截然相反，客观上需要一门专业对其进行系统性研究，并为其培养专业人才，电子商务专业的出现恰逢其时，并且有着自己独特的使命和价值。其次，明确电子商务专业目标是揭示和掌握新型的数字产品商业关系。在电子商务中，电子技术是工具，商务活动是目的；前者是计算机科学与技术专业的目标定位，后者是电子商务专业的目标定位。二者的交叉之处在于：从事数字产品开发和运营管理等这类商务活动需要技术思维的支撑，这种思维的培养需要接受相关技术课程的教育，但不应喧宾夺主，忽视电子商务专业的生命力来源于新型的数字产品商业关系的实践中。

### （二）专业方向定位

在上述专业目标定位下，电子商务专业方向不应再纠缠于技术或商务的争议，而应将其明确统一到技术思维支撑下的商务活动上。在电子商务实践中，技术最突出的作用体现在网站、APP等网络平台的开发上，但开发人员绝大多数来自计算机相关专业。还有一些与技术相关联的工作，如基于技术能力的数字产品设计、数字产品的模块设计和原型开发、网络平台的系统设计和开发、基于数据挖掘的运营管理等，这些工作与公司战略、产品特征、目标市场、消费行为、社会伦理、法律和安全等商务活动更为紧密，对技术能力的要求停留在具有技术思维的层面，这应成为电子商务专业建设的方向定位。在此定位下，技术和商务成为一个统一体，而非对立体或独立体。专业教师的任务是挖掘出技术与商务结合处的知识点，明晰电子商务专业学生的技术掌握程度，告知学生各个技术知识点对商务活动的支撑作用，消除学生对技术和商务分裂式的传统认知，明确技术课程的目标是培养学生的技术思维能力，降低学生对技术课程的抵触心理，培养学生对技术课程的学习兴趣，并通过项目实施等实践教学使其明白技术对商务的支持作用。

### （三）培养目标定位

基于技术和商务有机统一的认知基础，培养目标应定位于培养掌握现代经济、管理理论和信息技术的专业化人才。教学质量中提出的复合型人才培养定位所造成的现实问题实际上是陷入了专业课程开设越多越好的认知误区，学生在繁杂而又零散的课程体系面前茫然无措，很难整理出一条清晰的课程逻辑主线、形成专业化知识技能并具备核心竞争力。要实现上述培养定位目标，就需要将电子商务课程有机地统一起来。针对数字产品运营管理特征，将电子商务课程分为两类：核心类课程和支持类课程。核心类课程涵盖数据产品供应链的主要环节，包括互联网产品设计、商业模式、电子商务系统分析与设计、内容运营、活动运营、用户运营、大数据与数据挖掘等，课程之间的逻辑关系如图1-1所示，以系统分析和数据挖掘技术为基础，以运营体系为支撑，以产品和商业模式为目标，它们形成电子商务专业的核心竞争力。支持类课程包括电子商务的辅助性活动，如程序设计、物流管理、电子支付、信息安全、法律法规等，它们形成电子商务专业的综合竞争力。

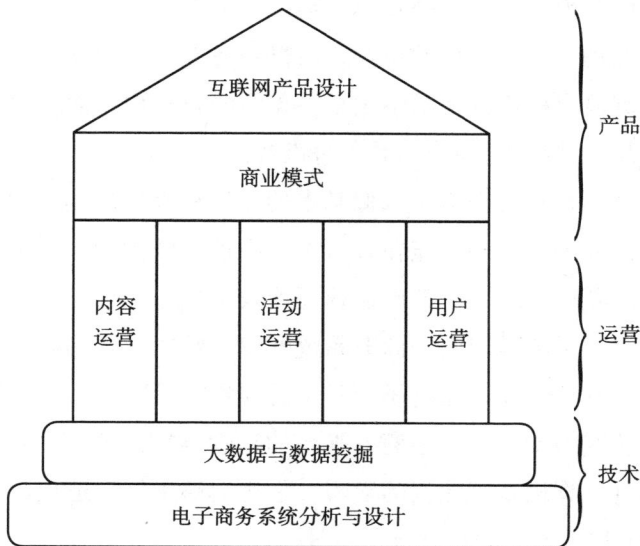

**图1-1 电子商务核心课程与逻辑关系**

## 第三节 电子商务专业课程体系的构成

### 一、基础素养模块

在基础素养模块中，语文、数学、英语等基础课程的设置至关重要，这些课程不仅是学生学习其他学科的基础，而且是培养他们基本文化素养和逻辑思维能力的关键。语文课程通过对文学作品的阅读和鉴赏，提高学生的语言表达能力和文学素养。在电子商务领域，良好的沟通能力是与客户建立有效联系、准确传达信息的基础。语文课程能培养学生的思辨能力和批判性思维，使他们在面对复杂问题时能够独立思考、深入分析。数学课程则着重培养学生的逻辑思维能力和数据处理能力。在电子商务中，数据分析是一项重要的技能，能够帮助企业更好地了解市场需求、优化产品策略。通过数学课程的学习，学生可以掌握基本的数学原理和方法，为后续的数据分析课程奠定坚实的基础。英语课程在全球化背景下显得尤为重要。电子商务是一个国际化的行业，与世界各地的企业和客户进行交流合作是常态。英语课程不仅帮助学生掌握英语语言知识，而且培养他们的跨文化交际能力，为未来的国际合作作好准备。

计算机基础课程帮助学生掌握基本的计算机操作技能，如办公软件的使用、网络搜索等。这些技能在日常工作中被频繁使用，对于提高工作效率至关重要。同时，计算机基础课程还涉及基本的编程知识和数据库管理等内容，为学生后续学习电子商务系统开发、数据分析等高级课程奠定基础。此外，信息技术知识在电子商务中的应用广泛而深入。从网站建设到数据分析，从网络安全到电子商务平台的运营维护，都离不开计算机技术的支持。通过计算机基础课程的学习，学生能够更好地适应电子商务行业的发展需求，提升自身的竞争力。

公共德育课旨在培养学生的道德观念和社会责任感。在电子商务领域，诚信、公正、负责任等道德品质尤为重要。通过公共德育课的学习，学生可以树立正确的世界观、人生观和价值观，明确自己在社会中的角色和责任，从而为未来的职业生涯奠定良好的道德基础。职业生涯规划则帮助学生了解自己的兴趣、能力和职业发展方向。在电子商务行业，岗位众多、发展路径各异。通过对职业生涯规划课程的学习，学生可以更好地认识自己、明确自己的职业目标和发展规划。这将有助于他们在未来的职业生涯中做出更明智的选择，实现个人价值和事业发展的双赢。

## 二、职业技能模块

电子商务概论课程介绍了电子商务的基本概念、发展历程及当前的市场现状，使学生能够对电子商务有一个宏观的了解。通过深入学习电子商务的运营模式、交易流程及相关的技术支撑，学生能够更好地理解电子商务的内在逻辑和运行机制。更重要的是，这门课程还着重培养了学生的电子商务运营能力。通过模拟真实的电子商务环境，学生可以亲身体验商品上架、订单处理、支付结算等核心环节，从而在实践中掌握电子商务运营的基本流程和技巧。这种实战式的学习方式不仅提升了学生的学习兴趣和参与度，而且为他们未来在电子商务领域的职业发展奠定了坚实的基础。

网络技术课程通过系统地介绍计算机网络的基本原理、网络设备的配置与管理、网络安全等方面的知识，帮助学生建立起扎实的网络技术基础。学生不仅能够熟练掌握各种网络设备的操作与维护技巧，而且在面临网络故障时能够迅速定位并解决问题，这对于保障电子商务平台的稳定运行至关重要。与此同时，国际贸易实务课程的设置则体现了电子商务的全球化特性。这门课程深入剖析了国际贸易的规则、流程和操作技巧，使学生在了解国际贸易基本原理的同时，能够熟练运用电子商务平台进行跨国交易。这对于培养具有国际视野的电子商务人才具有重要意义，也为学生在未来的职业生涯中参与国际竞争与合作奠定了坚实的基础。

### 三、岗位能力模块

随着互联网的普及和深入，电子商务网站已成为企业展示形象、推广产品、实现交易的重要平台。掌握网站建设和维护的技能对于电子商务专业的学生来说至关重要。网页设计与制作课程首先引导学生理解电子商务网站的基本架构和设计原则，进而教授网站规划、设计、开发的全流程。学生不仅学习如何选择合适的开发技术和工具，而且实践网站的页面设计、功能实现及后期的维护和更新。通过这一系列学习和实践，学生能够熟练掌握电子商务网站建设与维护的基本技能，为未来的职业发展奠定坚实的技术基础。

在电子商务领域，运营管理能力的高低直接关系到企业的市场竞争力和盈利能力。网络营销策划课程致力于培养学生的电子商务运营管理能力，使他们能够在未来的工作中独当一面。课程内容涵盖了商品策划、营销推广、客户服务等多个方面。学生将学习如何根据市场需求进行商品策划，制订有效的营销策略，提高品牌知名度和销售额。同时，课程还强调客户服务的重要性，教授学生如何提供优质的服务，提高客户满意度和忠诚度。

除了上述两门核心课程外，岗位能力模块还包括客户关系管理、电商文案设计等多元化的岗位技能课程。这些课程旨在从多个维度提高学生的职业素养和综合能力。电商文案设计课程培养学生的文案创作能力，使他们能够撰写吸引人的广告文案，提升营销效果。客户关系管理课程则进一步强化学生的服务意识和沟通技巧，确保他们能够在未来的工作中提供卓越的客户服务体验。

### 四、实践教学与实习环节

校内实践教学是电子商务专业教育中的基础实践环节，通常包括电子商务认知实习、电子商务基础实验、电子商务运营实验、电子商务网站设计与开发等课程。这些课程通过模拟真实的电子商务环境和分析实际案例，帮助学生将理论知识转化为实践操作能力。这种模拟实践的方式不仅有助于学生理解电子商务运营的全貌，而且能让他们在实际操作中发现问题、解决问题，从而加深对电子商务流程的理解。同时，模拟实验还能帮助学生熟悉电子商务平台的操作，提升他们的实践技能。

校内实践教学通过模拟实验和案例分析等方式，为学生提供了理论与实践相结合的学习环境。校外实习则让学生有机会亲身参与实际工作，积累工作经验并提高职业素养。通过进入电子商务企业、物流公司、网络营销公司等相关单位实习，学生可以在专业人员的指导下，亲身参与电子商务运营、营销推广、客户服务等实际工作。在实习过程中，学生不仅能够将所学的理论知识应用于实践，而且能够在实际工作环境中学习到更多的职业技能和行业知识。通过实习，学生可以了解电子商务行业的最新动态和市场需求，从而调整自己的职业规划和发展方向。同时，实习还能帮助学生建立起与业界的联系，拓展人脉资源，为未来的职业发展奠定坚实的基础。更重要的是，校外实习有助于提高学生的职业素养。在实习过程中，学生需要遵守企业的规章制度和工作流程，学会与同事和上级进行有效的沟通与协作。这些经历不仅能够培养学生的团队合作精神和责任意识，而且能够提高他们的职业素养和综合能力。

这两种实践教学方式相互补充，共同构建了一个完整的电子商务实践教学体系。通过校内实践教学和校外实习的有机结合，学生可以在理论知识和实践操作能力之间找到平衡点，更好地适应电子商务行业的实际需求。同时，这种教育体系还有助于培养学生的创新思维和解决问题的能力，为他们在未来的职业生涯中取得成功奠定坚实的基础。

## 五、创新与创业教育

通过开设创新方法、创意设计等课程，旨在打破学生的传统思维模式，引导他们从不同的角度审视问题，并提出独特、新颖的解决方案。在电子商务领域，面对复杂多变的市场环境和消费者需求，单一、刻板的思维模式显然无法满足行业发展的要求。创新方法课程通过教授学生如何运用发散性思维、逆向思维等方法，鼓励他们从不同的角度分析问题，挖掘潜在的机会和挑战。这种多角度的思考方式不仅有助于学生在未来工作中更好地应对各种复杂情况，而且能提高他们的策略规划和风险管理能力。创意设计课程侧重培养学生的创意设计能力。在这门课程中，学生会学习如何通过设计思维将创新理念转化为具体的解决方案。通过不断地实践和挑战，学生不仅能够提高自己的创意设计能力，而且能够培养出一种勇于尝试、敢于创新的精神。这种精神对于电子商务专业的学生来说尤为重要，因为在这个日新月异的行业中，只有不断创新，才能在激烈的市场竞争中脱颖而出。

创业教育课程通过创业理论的教学，帮助学生全面了解创业的基本流程和注意事项。这包括市场调研、商业计划书撰写、资金筹措、团队建设等多个方面。通过学习这些理论知识，学生能够对创业有一个全面、深入的认识，为未来的创业之路作好充分的准备。除了理论教学外，创业教育还强调实践的重要性。通过创业实践课程，学生可以亲身参与创业项目，从而培养他们的创业意识和创业能力。在这个过程中，学生需要学会如何发现商机、评估风险、制订营销策略等，这些都是未来创业者必备的技能。邀请成功创业者进行分享交流，是创业教育中一个非常重要的环节。通过与成功创业者的亲密接触，学生可以了解到创业过程中的艰辛与喜悦，从而激发自己的创业热情。同时，成功创业者的经验分享也能为学生提供宝贵的建议和指导，帮助他们在未来的创业道路上更加顺利地前行。

具备创新思维的学生能够更好地应对行业中的变化和挑战，具备创业能力的学生则有机会将自己的想法转化为实际的商业价值。通过将创新思维培养和创业教育相结合，可以培养出既具有创新思维又具备创业能力的电子商务人才。这样的人才不仅能够在企业中发挥重要作用，推动企业的创新发展，而且有可能成为未来的创业者，引领行业的进步和发展。

## 六、课程体系的动态更新与优化

教师应通过多种渠道获取行业信息，如参加行业会议、订阅行业报告、与行业专家保持沟通等，确保第一时间捕捉到市场的变化。这些变化可能涉及消费者需求的转变、新兴商业模式的出现、相关制度法规的调整等。通过关注这些动态，教师可以及时调整课程设置，使教学内容更加贴近市场实际需求。根据市场动态，教师应灵活调整课程设置，确保课程内容与行业需求紧密相连。例如，随着跨境电商的兴起，教师可以增设相关课程，培养学生处理国际电子商务的能力。同时，教师还应定期更新教学内容，剔除过时的知识点，引入行业前沿理论和实践案例。教师也可以开设与新兴技术相关的课程，如大数据分析在电子商务中的应用、智能推荐系统的设计与实现等。这些课程旨在帮助学生掌握新兴技术的基本原理和应用方法，为他们未来在电子商务领域的创新实践奠定基础。除了传授技术知识之外，教师还应注重培养学生的技术创新能力，可以通过组织技术竞赛、开展创新项目等方式，激发学生的创新思维和实践能力。同时，教师还可以邀请企业界和学术界的专家举办讲座或提供指导，为学生提供更多的学习资源和实践机会。

教师应构建完善的实践教学体系，包括实验、实训、实习等多个环节。在实验环节，可以通过模拟软件或真实平台进行操作练习，帮助学生熟悉电子商务运营流程。在实训环节，可以组织学生进行项目式学习，解决真实问题。在实习环节，应安排学生进入企业实习，亲身体验电子商务的实际工作环境。为了提升实践教学的质量，教师需要制订明确的教学目标和考核标准。同时，还应加强实践教学的过程管理，确保每名学生都能得到充分的实践机会和指导。此外，教师还可以利用现代信息技术手段，如虚拟现实、增强现实等技术，创新实践教学的方式方法，提升学生的学习兴趣和参与度。关注行业动态、引入新兴技术和优化实践教学是提升电子商务专业教育质量的关键举措。通过实施这些措施，可以培养出更多具备创新精神和实践能力的电子商务人才，为行业的持续发展注入新的活力①。

---

① 王琰，闫雨薇. 大数据背景下电子商务专业的教学改革研究［J］. 老字号品牌营销，2023（19）：176–178.

# 第二章　电子商务教学创新理论与实践

## 第一节　教学创新理论在电子商务教学中的应用

### 一、教学理念的创新

在教学创新理论的深刻引领下，电子商务教学领域急需经历一场理念上的根本性变革，其核心在于从传统的以教师为中心的教学模式逐步过渡到以学生为中心的新型教育模式。此转变强调，教学应着重提升学生的创新思维能力与实践操作技能，以期在日新月异的电子商务行业中培养出具备竞争力的高素质人才。在此框架下，教师的角色需要被重新定义，从知识的单向传授者转变为学习过程的引导者与促进者，通过设计富有启发性的问题情境与实践活动，激励学生主动探索未知，积极投身于自主学习之中，进而有效激发他们的学习兴趣与创新潜能。为了实现这一教学创新目标，教师须细致入微地关注每一名学生的个性差异与学习特点，采取因材施教的教学策略，为每名学生制订个性化的学习路径，确保教学活动能够精准对接学生的实际需求，促进其全面发展。此外，教师还应高度重视学生的情感需求，努力营造一个宽松、民主且充满尊重的学习氛围。

### 二、教学内容的创新

在教学创新理论的宏观指导下，教师肩负着紧跟时代步伐、把握行业前沿的重任，需要时刻保持对电子商务领域最新动态的高度敏感性。这要求教师不仅要深入钻研电子商务的核心理论与实践技能，而且要具备快速学习与掌握新知识、新技术的能力，以便及时将这些前沿成果融入日常教学之中，确保教学内容的时效性与前瞻性，为学生铺设一条通往未来电子商务领域的坚实道路。在此基础上，教师还应注重教学内容的深度整合与优化，推动跨学科知识的有机融合。电子商务作为一门综合性极强的学科，其理论与实践均涉及经济学、管理学、市场营销学等多个相关领域。因此，在教学内容的设计与安排上，教师应有意识地引入这些相关学科的基础知识与最新研究成果，通过跨学科的视角与方法，丰富电子商务教学的内涵与外延，帮助学生构建起更为全面、系统的知识结构。这样的教学策略不仅能提高学生的综合素养与创新能力，而且能为他们在未来电子商务领域的实践中提供更为广阔的视野与更为灵活的思维工具，使他们在面对复杂多变的商业环境时，能够游刃有余地运用所学知识，解决实际问题，推动电子商务行业的持续创新与发展。

### 三、教学方法的创新

在教学创新理论的深刻启示下，电子商务教学领域正积极寻求教学方法上的革新与突破，旨在通过优化教学策略，进一步提升教学效果，并着重培养学生的创新能力。在此背景下，一系列新型教学方法如案例分析法、项目式学习等应运而生，为电子商务教学注入了新的活力。案例分析法作为一种以实际问题为导向的教学方法，通过选取具有代表性的电子商务案例，引导学生进行深入剖析与讨论，这不仅有助于学生直观理解电子商务理论与实践的紧密结合，而且能激发他们的问题意识，提高其问题解决能力。项目式学习强调学生在真实或模拟的项目环境中，以团队合作的形式，共同完成从项目规划到实施的全过程。这种方法不仅促进了学生之间的知识交流与技能互补，而且极大地提升了他们的团队协作意识，提高了他们的项目管理能力。这些教学方法的共同特点在于，它们均以学生为中心，注重学生的实践体验与主动参与，鼓励学生在探究与合作中发现问题、解决问题，进而实现知识与技能的深度内化。通过案例分析与项目实践，学生能够在模拟或真实的商业环境中，将所学理论知识应用于实际操作，不仅加深了对电子商务核心概念与业务流程的理解，而且在实践中锻炼了自身的创新思维与解决问题的能力。

### 四、教学评价的创新

在教学创新理论的深刻影响下，电子商务教学领域正经历着一场评价体系的重大变革，建立一种多元化、全面的评价体系，成为电子商务教学改革的重要方向。这一新型评价体系的核心在于，它不再仅仅关注学生的知识技能掌握情况，而是将评价视野拓展至过程与方法、情感态度等多个维度，旨在全面、客观地反映学生的学习成果与创新能力。在具体实践中，教师可以通过作品展示、口头报告、团队合作项目等多种评价方式，综合评估学生的表现。这些评价方式不仅能够直观展示学生的知识运用能力与问题解决技巧，而且能够深入揭示他们在学习过程中所展现出的创新思维、团队协作精神、积极的学习态度。此外，教师还应充分重视评价的反馈与激励作用。在评价过程中，教师应及时给予学生正面的鼓励与肯定，以增强他们的学习动力与自信心。同时，针对学生在评价中暴露出的不足与问题，教师应提出具体的建设性意见，帮助他们明确改进方向，实现自我提升。通过这种评价方式的改革，电子商务教学能够更好地激发学生的学习潜能，培养他们的创新精神与实践能力，为他们的全面发展奠定坚实的基础。

## 第二节　电子商务教学方法的创新与探索

### 一、混合式教学法的应用

#### （一）时间和空间的灵活性

时间和空间的灵活性是电子商务教学模式创新中的一个显著特点，在这种模式下，学生可以在任何时间、任何地点进行在线学习。这种灵活性不仅极大地增强了学习的便捷性，而且有助于学生更好地平衡学习与生活的关系。具体来说，学生可以利用碎片化的时间，如等车、休息时段，随时随地进行学习，有效地提高了时间的利用率。同时，空间的灵活性也意味着学生可以在家中、图书馆或其他任何有网络连接的地方进行学习。这种学习模式的引入不仅为学生提供了更多的自主学习机会，而且能够激发他们的学习兴趣和主动性。课堂时间在这种模式下则被赋予了新的意义。由于基础知识和概念的学习已经通过在线平台完成，课堂时间更多地被用于深入讨论和实践操作。教师可以利用这段时间组织学生进行案例分析、角色扮演、团队项目等互动活动，从而深化学生对电子商务理论的理解，并培养其实际操作能力和团队协作精神。[①]

**（二）个性化学习路径**

个性化学习路径强调以学生为中心，充分尊重与发挥每名学生的学习主体性和差异性。在这种模式下，学生可以根据自己的学习进度和理解能力，灵活地选择适合自己的学习资源和节奏。这意味着学生可以根据自己的实际情况，自主安排学习的时间和强度，挑选符合自己兴趣和需求的学习材料。例如，对于已经掌握的知识点，学生可以选择快速复习或跳过；对于难以理解或掌握的内容，则可以投入更多的时间和精力进行深入学习与探索。这种个性化的学习方式不仅能提高学生的学习效率，而且能在一定程度上减轻他们的学习压力。此外，个性化学习路径还鼓励学生根据自己的学习风格和兴趣偏好来选择学习方式。有些学生可能更倾向于通过观看视频或听讲座来获取知识，还有一些学生则可能更喜欢通过阅读文字材料或参与在线讨论来学习。因此，在电子商务教学模式的创新中，这些多样化的学习方式应被充分考虑和支持，以确保每名学生都能在最适合自己的环境中获得最佳的学习效果。

**（三）互动性的增强**

互动性的增强是电子商务教学模式创新的一个显著特点，它通过在

---

① 张敏. 电子商务法课程开展项目式学习混合式教学探析［J］. 河北北方学院学报（社会科学版），2023，39（5）：82-84.

线平台为学生、教师之间搭建了一个即时、高效的沟通桥梁。在这种模式下，学生可以积极参与学习过程，与教师和同学进行实时的交流与讨论。这种互动性的增强不仅能够及时解决学生在学习过程中遇到的问题，而且能够激发他们的思维活力和创造力。通过在线平台，学生可以随时随地向教师提问，获得即时的反馈和指导。同时，他们也可以与同学们分享自己的学习心得和体会，共同探讨和解决问题。这种频繁的互动和交流有助于形成一个积极的学习社区，让学生在相互帮助和激励中不断进步。此外，互动性的增强还体现在多元化的交流方式上。学生可以通过文字、语音、视频等多种形式进行表达，这不仅丰富了沟通的手段，而且使得交流更加生动和具体。在这种环境中，学生可以更加自由地表达自己的观点和想法，从而培养他们的批判性思维和创新能力。①

## 二、案例研究与实战模拟

### （一）真实案例的引入

通过深入分析真实的电子商务案例，学生能够直观地了解电子商务的实际运作机制及其面临的挑战。这种教学方法不仅丰富了课堂内容，而且使学生能够更加深入地理解电子商务的复杂性和多样性。在分析这些案例时，学生会接触到电子商务的各个关键环节，如市场定位、供应链管理、物流配送、电子支付、客户关系管理等。通过剖析这些实际案例，学生可以洞察电子商务运营中的策略与技巧，理解企业在竞争激烈的市场中如何脱颖而出。同时，这些案例也展示了电子商务行业所面临的法律、技术、安全等多个方面的挑战，从而帮助学生建立起对电子商务全面而深入的认识。此外，真实案例的引入还能激发学生的探索欲望和学习兴趣。与传统的理论教学相比，案例教学更加生动有趣，能够让学生在实际情境中学习，提高他们的实践能力和问题解决能力。通过分析成功案例和失败案例，学生可以从中吸取经验教训，为将来的职业生涯作好充分准备。

---

① 陈秋雪. 电子商务课程的教学设计和实践［J］. 电子技术，2023，52（10）：262–263.

### （二）实战模拟的开展

真实案例的引入是电子商务教学中的一项重要策略，目的在于通过深入剖析具有代表性的电子商务企业案例，使学生能够直观、全面地了解电子商务行业的实际运作模式和所面临的挑战。这种教学方法不仅将理论与实践紧密结合，而且有助于培养学生的行业洞察力和问题解决能力。通过分析这些成功案例，学生可以深刻理解电子商务的商业模式、市场定位、运营策略、供应链管理等方面的核心要素。同时，探讨这些企业在发展过程中遇到的难题和应对策略，能够让学生认识到电子商务行业的复杂性和多变性，从而培养他们灵活应对市场变化的能力。此外，真实案例的引入还能激发学生的学习兴趣，使他们更加主动地参与课堂讨论和学习，提升教学效果。

### （三）反思与总结

真实案例的引入这种教学方法不仅将理论知识与实际操作相结合，而且让学生在鲜活的商业实践中感受到电子商务的魅力和复杂性。研究这些成功案例，学生可以了解到市场定位、供应链管理、用户体验等多个方面的细节，从而为他们未来在电子商务领域的职业生涯奠定坚实的基础。同时，对这些企业所遇到的问题和挑战进行深入剖析，有助于学生培养问题解决能力和风险意识，使他们在未来的工作中能够更加从容地应对各种复杂情况。实战模拟的开展为电子商务教学注入了更多的实践元素。在这种教学模式下，教师通过设置模拟的电子商务环境，使学生在模拟实战中亲身体验与学习电子商务的核心知识和技能。这种模拟实战不仅涵盖了电子商务平台的日常运营、市场推广、客户服务等关键环节，而且让学生有机会处理突发情况，如应对市场竞争、解决用户纠纷等。通过这样的实战演练，学生能够更加熟练地掌握电子商务的实操技巧，提升其在未来职场中的竞争力。

## 三、项目式学习法的实践

### （一）真实问题的解决

真实问题的解决是电子商务教学模式中的核心环节，强调学生直接面对和处理实际存在的电子商务问题。在这一教学模式下，学生需要运用所学知识去解决制订营销策略、优化用户体验等真实的商业挑战。这种教学方式不仅要求学生具备扎实的理论基础，而且考验他们的实践应用能力和创新思维。通过解决真实问题，学生既能够更深入地理解电子商务市场的动态和复杂性，也能够锻炼他们的问题分析和解决能力。例如，在制订营销策略时，学生需要综合考虑市场环境、消费者需求、竞争对手分析等多方面因素，以制订出既具有创新性又能实现商业目标的策略。在优化用户体验的过程中，学生需要从用户的角度出发，细致入微地分析用户在购物过程中的需求和痛点，进而提出有效的改进措施。这种以真实问题为导向的教学模式不仅能够帮助学生将理论知识转化为实际操作能力，而且能够培养他们的商业敏感度和战略眼光。通过这样的学习过程，学生可以更好地为未来的职业生涯作准备，成为具备实战经验和创新能力的电子商务专业人才。

（二）跨学科知识的整合

项目式学习作为一种创新的教学方法，特别强调学生需要综合运用多学科知识来解决问题，这一要求不仅提升了学习的深度和广度，而且有助于学生形成全面而系统的知识体系。在项目式学习的过程中，学生被鼓励从多个学科角度审视和分析问题，比如将市场营销、信息技术、财务管理、法律等多领域的知识融会贯通，以找到最佳的解决方案。这种跨学科的学习方式不仅提高了学生的知识整合能力，而且培养了他们的多元思维和创新能力。学生不局限于单一的学科框架内，而是能够跳出传统界限，以更宽广的视野去看待和处理问题。例如，在解决电子商务中的用户隐私问题时，学生需要同时考虑信息技术的安全性、法律的合规性、消费者心理学的因素。通过跨学科知识的整合，学生不仅能够更全面地理解电子商务的复杂性，而且能够在实际操作中灵活运用所学知识，提高解决问题的效率和质量。

（三）团队合作与沟通能力的培养

在项目式学习的框架下，学生被置于需要与他人紧密合作的环境中，这不仅是为了共同完成任务，而且是一个提高其团队合作和沟通能力的宝贵机会。在这个过程中，学生必须学会如何有效地与他人进行信息交流和意见反馈，以达成团队目标。通过与团队成员的频繁互动，学生能够更加深刻地理解每个人在团队中的角色和价值，进而学会如何更好地配合他人工作，也能够锻炼自己的领导能力和组织协调能力。在沟通方面，学生需要学会准确传达自己的想法，同时也要接收来自团队其他成员的信号和反馈。这不仅涉及语言表达的技巧，而且包括倾听、理解和回应等非言语沟通能力的运用。通过项目式学习中的团队合作实践，学生不仅能够提升自己的专业技能，而且能够在人际交往和群体协作方面取得显著进步。

### 四、翻转课堂模式的探索

#### （一）学生主动性的增强

学生在课前通过视频、在线课程等多媒体资源自主学习新知识，这一模式充分体现了现代教育技术的优势，并为学生提供了更加灵活与自主的学习环境。在这种学习模式下，学生可以在课前自主选择学习时间和进度，通过观看精心制作的视频教程或参与在线课程，提前掌握课程的基础知识和核心概念。这种自主学习的方式不仅让学生能够根据自身的学习习惯和理解能力来调整学习节奏，而且有助于他们在课堂上更加深入地参与讨论和实践。当课堂时间到来时，由于学生已经对新知识有了初步的了解和掌握，教师可以引导学生进入更高层次的讨论和实践环节。课堂上的深入讨论能够激发学生的思维火花，促使他们从不同的角度审视问题，提出创新性的观点和解决方案。

#### （二）教师角色的转变

在现代教育理念的推动下，教师的角色不再仅仅是传统的知识传授者，而是逐渐演变为学生学习过程中的指导者和促进者。这一转变意味着，教师的职责不再局限于单纯地灌输知识，而是更多地关注学生的学习过程和问题解决能力。作为教师，他们现在更加注重引导学生探索知识，帮助学生构建自己的知识体系，而不仅仅是将知识灌输给学生。通过提出具有挑战性的问题，教师激发学生的好奇心和求知欲，促使他们主动思考和探索。同时，教师也密切关注学生在学习过程中遇到的困难和挑战，及时提供指导和支持，帮助学生克服障碍，实现知识的有效内化。此外，教师还致力于培养学生的问题解决能力，他们通过设计具有现实意义的问题情境，让学生在解决问题的过程中学会分析、推理和创新。

### （三）课堂互动的增加

翻转课堂模式作为一种创新的教学方法，通过重新调整课堂内外的时间分配，为课堂讨论和实践提供了更为充裕的时间。这一教学模式的出现极大地促进了师生互动和生生互动，为教学活动注入了新的活力。在翻转课堂模式下，教师将基础知识的讲授移至课前，通过视频、在线课程等形式让学生开展自主学习。这样一来，宝贵的课堂时间得以解放出来，用于更深入地讨论和实践操作。教师因此有更多的机会观察和发现学生在学习过程中遇到的难题，并提供及时的指导和反馈。同时，学生也能够在课堂上展示他们的学习成果，通过实际操作加深对知识的理解和应用。此外，翻转课堂模式还有效地促进了学生之间的互动。在讨论和实践环节中，学生需要相互合作、共同探究，这不仅锻炼了他们的团队协作能力，而且让他们学会了如何在集体中表达自己的观点，倾听并尊重他人的意见。这种教学模式下的生生互动有助于培养学生的沟通能力和社会交往能力，为他们未来的学习和生活奠定良好的基础。[①]

## 五、游戏化教学法的应用

### （一）激发学习兴趣

通过引入竞赛、积分、奖励等游戏元素到教学活动中，可以有效地激发学生的学习兴趣和积极性，这种方法在教育心理学中被广泛认可。竞赛元素能够激发学生的竞争意识，促使他们更加专注于学习任务，力求在比拼中脱颖而出。积分制度为学生提供了一个持续跟踪自己学习进度的机制，使他们能够清晰地看到自己的成长和进步，从而增强学习的动力。奖

---

① 范菡. 翻转课堂教学模式在电子商务基础课程中的应用［J］. 职业，2023（19）：44-46.

励机制则直接与学生的努力成果相关联，为他们提供了实现目标和获得认可后的具体回报，这不仅可以提升学生的满足感，而且可以进一步激励他们追求更高的学术成就。这些游戏元素的融入不仅使学习过程更加生动有趣，而且让学生在学习过程中体验到挑战和成功的喜悦，从而更加热爱学习。此外，这种教学方法还有助于培养学生的自我管理能力、团队合作精神及面对挑战时的抗压能力。通过这种方式，教育变成了一种师生互动、学生主动参与的动态过程，这对于提高学生的自主学习能力、提升终身学习意识具有深远的影响。可以说，合理地引入竞赛、积分、奖励等游戏元素，是现代教育中一种富有创新且效果显著的教学策略。

（二）寓教于乐

将电子商务知识和技能融入游戏情境中，这种方法通过创设具有趣味性和互动性的游戏环境，将原本枯燥复杂的电子商务概念和实操技能巧妙地嵌入其中，让学生在轻松愉快的氛围中学习知识、提升技能。游戏情境的设计不仅考虑到了学生的认知特点和兴趣爱好，而且紧密结合了电子商务行业的实际需求，确保学生在游戏中所学到的知识和技能可直接应用于现实生活与未来的职业生涯中。在这种教学模式下，学生主动参与游戏情境，通过解决实际问题来掌握电子商务的核心要点。例如，通过模拟经营一个电子商务店铺，学生需要综合考虑产品选择、定价策略、营销推广等多个方面，这不仅能加深他们对电子商务运营流程的理解，而且能锻炼他们的实际操作能力和商业思维。同时，游戏中的互动环节也鼓励学生之间的合作与交流，进一步提高了他们的团队协作和沟通能力。

（三）培养创新思维

游戏化教学法通过构建一个开放且富有挑战性的学习环境，鼓励学生尝试多样化的策略和方法来解决问题。这种教学方式不仅极大地丰富了学生的学习体验，而且在深层次上有助于培养其创新思维和解决问题的能力。在游戏化的学习场景中，学生被赋予更多的自主权，他们可以自由地探索、实验，甚至面对失败时也能从中吸取经验，不断调整和优化自己的解决方案。在这一过程中，学生不仅锻炼了资源整合和信息筛选的能力，更重要的是，他们在不断尝试中学会了如何从不同的角度审视问题、如何跳出传统框架去寻找新的可能性。这种自由探索的精神是创新思维的核心，使学生能够勇敢地挑战现状，提出独到的解决方案。同时，游戏化教学法也强调问题的解决不仅仅依赖于单一答案，而是鼓励学生通过团队合作、集思广益，共同寻找最佳路径。这种集体智慧的汇聚过程不仅提高了学生解决问题的能力，而且让他们在实践中学会了如何与他人进行有效沟通和协作。游戏化教学法不仅为学生提供了更为动态和互动的学习环境，而且是培养他们成为具有创新思维和解决问题能力的新时代人才的重要途径。

## 第三节　电子商务教学模式的创新与构建

### 一、个性化与差异化教学模式

#### （一）定制化的学习计划

定制化的学习计划的核心在于深入了解和评估每名学生的学习特点、兴趣、能力、学习风格，从而为他们量身定制一套最适合的学习方案。实施定制化的学习计划需要教师对学生进行全面的评估，这包括但不限于对学生的智力水平、情感态度、学习动机及先前知识的掌握程度进行深入分析。通过这样的评估，教师可以更准确地把握每名学生的优势和不足，为后续的教学提供有力的依据。除了基础的评估外，教师还需要密切关注学生的学习进程和反馈。定制化的学习计划根据学生的学习进程和反馈进行不断调整与优化。例如，当发现学生在某一领域表现出特别的兴趣和天赋时，教师可以适时地增加该领域的学习资源和挑战，以进一步激发学生的潜能。此外，定制化的学习计划还强调学习资源的个性化和多样化。教师需要根据学生的兴趣和需求，精心挑选和整合各类学习资源，包括但不限于课本、视频、在线课程、实践活动等。

#### （二）分组教学与分层教学

分组教学与分层教学是现代教育中的两种重要教学策略，它们都是基于学生个体差异和需求的考虑，旨在提供更加精准和有针对性的教学。分组教学主要是根据学生的基础知识、学习兴趣和学习能力等因素，将学生分成不同的小组进行教学。这种教学方式的优势在于其可以充分考虑到每名学生的特点和需求，使教学更加符合学生的实际情况。例如，对于基础知识较为薄弱的学生，教师可以安排更多的基础训练；对于基础扎实、学习能力强的学生，教师可以提供更多的拓展内容。分层教学则是一种更加细致的教学策略，它根据学生的具体水平将学生分为不同的层级，然后为每个层级的学生制订相应的教学计划和内容。这种教学方式能够确保每名学生在适合自己的学习环境中得到提升，避免因学习难度过高或过低而造成的学习挫败感或无聊感。在实施分组教学和分层教学时，教师需要密切关注学生的学习进展和反馈，及时调整分组和层级，以确保教学的有效性和针对性。

## 二、产学研结合的教学模式

### （一）校企合作在电子商务教学中的深度应用

校企合作作为现代教育的一种创新模式，是一种深度的资源共享与优势互补。企业能够为学校提供真实的电子商务环境和案例，这些案例通常涵盖了市场动态、消费者行为、供应链管理等多个方面，为学生提供了一个实践操作的平台。在这样的实践过程中，学生可以直观地感受到电子商务运营的全流程，从而更加深入地理解理论知识，并将其应用到实际操作中。此外，校企合作还有助于学生提前接触与了解电子商务行业的最新动态和实际需求。企业作为市场的直接参与者，对于行业趋势和市场需求有着敏锐的洞察力。通过与企业的合作，学校可以及时调整教学内容和方向，确保教育与市场的紧密结合。这不仅提升了学生的就业竞争力，而且为电子商务行业输送了更多具备实战经验的专业人才。从企业的角度来看，校企合作也是一种人才培养和储备的有效方式。通过参与教学活动，企业可以较早发现和培养潜在的人才，为自己的人才库注入新鲜血液。同时，企业也可以借助学校的科研力量，共同研发新产品或解决技术难题，从而实现技术创新和产业升级①。

**（二）科研项目融入电子商务教学的实践意义**

将最新的科研成果和电子商务行业的实际问题引入教学中，是提升电子商务教育质量的重要途径。科研项目的融入不仅可以丰富教学内容，使其更加贴近行业前沿，而且可以激发学生的学习兴趣和探索精神。通过参与科研项目，学生需要运用所学知识解决实际问题，这一过程既是对理论知识的巩固和应用，也是对学生创新思维和研究能力的培养。科研项目通常涉及多个学科领域的知识和技能，这要求学生具备跨学科的综合能力。在参与科研项目的过程中，学生需要学会如何整合不同领域的知识，提出创新性的解决方案。这种跨学科的学习方式不仅拓宽了学生的知识视野，而且为其未来的学术研究和职业发展奠定了坚实的基础。此外，科研项目的融入还有助于培养学生的团队协作精神。在科研项目中，学生需要与团队成员紧密合作，共同完成任务。这不仅锻炼了学生的沟通协调能力，而且让他们学会了如何在团队中发挥自己的专长，为团队的成功贡献力量。

## 三、跨学科融合的教学模式

### （一）多学科教师团队在电子商务教学中的价值与实践

在电子商务迅猛发展的时代背景下，教育领域对于全面、系统培养电子商务人才提出了更高的要求。为了适应这一趋势，组建由不同学科背景的教师组成的教学团队显得尤为重要。这种团队模式能够集合多学科之智慧，共同设计跨学科的教学内容和项目，从而为学生提供更为丰富、多元的学习体验。多学科教师团队的构建为电子商务教学注入了新的活力。不同学科背景的教师能够从各自的专业角度出发，对电子商务进行多维度的解读和分析。例如，经济学的教师可以从市场供需、成本效益等角度剖析电子商务的经济价值；计算机学的教师可以深入探讨电子商务的技术架构

---

① 薛聪. 产学研协同视阈下电子商务人才培养的创新研究［J］. 商展经济，2021（17）：91–93.

和信息安全；市场营销学的教师可以讲解电子商务中的品牌推广和消费者行为。

**（二）综合性课程设计在电子商务教学中的作用与实施**

随着电子商务领域的不断拓展和深化，单一学科的知识体系已经难以满足行业对人才全面发展的需求。开设综合性的电子商务课程显得尤为重要。这种课程设计模式旨在融合多个学科的知识和技能，使学生在学习过程中能够全面了解和掌握电子商务的各个方面。综合性课程设计的核心在于打破学科壁垒，实现知识的有机融合。在电子商务课程中，这意味着将计算机科学、市场营销、法律、物流等多个领域的知识整合到一起，形成一个完整、系统的课程体系。通过这样的设计，学生能够更加全面地了解电子商务的运营流程、技术应用、市场动态、法律法规等方面，从而为其未来的职业生涯奠定坚实的基础。在实施综合性课程设计的过程中，教师需要注重课程内容的连贯性和层次性。首先，要确保各个学科之间的知识点能够相互衔接，形成完整的知识链条。其次，要根据学生的认知规律和学科特点，合理安排教学顺序和难易梯度，使学生在循序渐进中掌握电子商务的核心知识和技能。

## 四、问题导向的教学模式

**（一）问题式学习在电子商务教学中的应用与价值**

问题式学习是一种以学生为中心，以实际问题为驱动的教学方法。在电子商务教学中，问题式学习的实施显得尤为重要，因为它能帮助学生更加深入地理解电子商务的实际运作及其所面临的挑战。问题式学习的核心在于，教师不再是单纯的知识传授者，而是转变为问题提出者和学习引导者。在电子商务课程中，教师可以从电子商务领域的实际问题出发，如消费者行为分析、供应链优化、电子支付安全等，设计出一系列具有挑战性和探索性的问题。这些问题不仅涉及电子商务的核心知识，而且能引发学生对该领域的深入思考和探索。学生通过小组合作，围绕这些问题进行分析、讨论和解决。在这一过程中，他们不仅需要运用所学的电子商务理论知识，而且需要结合实际情境，进行数据的收集、分析和解读。这种学习方式不仅能够加深学生对电子商务实际运作的理解，而且能够提高他们的实践操作能力和团队协作能力。更重要的是，问题式学习有助于学生建立起对电子商务行业的全局观。通过解决实际问题，学生能够更加清晰地认识到电子商务在整个商业生态中的角色和价值，以及它与其他商业领域的相互关联。

**（二）批判性思维在电子商务教学中的培养与实践**

批判性思维是一种高阶思维能力，它要求学生能够独立思考、分析、评价并做出合理判断。在电子商务教学中，培养学生的批判性思维至关重要，因为这不仅能提高学生的学术能力，而且有助于他们在未来的职业生涯中更好地应对复杂多变的商业环境。为了培养学生的批判性思维，教师需要鼓励学生对电子商务现象进行批判性分析。这包括但不限于对电子商务平台的运营模式、市场策略、用户体验等方面的探讨。教师可以引导学生提出自己的观点，并通过数据、案例等实证材料来支持或反驳这些观点。在这一过程中，学生需要学会如何收集和分析信息、如何从多个角度审视问题，以及如何基于证据做出合理推断。这些技能的培养不仅有助于学生在电子商务领域形成独到的见解，而且能提高他们的创新能力和问题解决能力。此外，教师还可以通过组织课堂辩论、案例分析等教学活动，进一步锻炼学生的批判性思维。在这些活动中，学生需要运用所学的电子商务知识和批判性思维技能，对特定问题进行深入分析，并提出创新性的解决方案。这种教学方式不仅能够激发学生的学习兴趣和积极性，而且能够为他们在电子商务行业的发展奠定坚实的基础。

## 五、技术驱动的教学模式

在电子商务教学中，利用在线教育平台进行远程授课、互动讨论等教学活动，显示出其独特的优势。这种教学方式打破了传统课堂的时间和空间限制，为学生提供了更加灵活多样的学习方式。在线教育平台的利用，首先体现在其能够突破地域限制，实现教育资源的优化配置。无论学生身处何地，只要有稳定的网络环境，就能参与电子商务课程的学习。这不仅为地处偏远地区或无法前往实体课堂的学生提供了学习机会，而且促进了教育公平和普及。此外，在线教育平台还能提供丰富的教学资源和互动工具，增强学生的学习体验感。教师可以通过平台上传课件、视频教程等多媒体资料，帮助学生更好地理解电子商务的概念和实践操作。同时，平台上的实时聊天、论坛讨论等功能，促进了师生之间、学生之间的交流与互动，使学习变得更加生动有趣。图2-1为电子商务专业人才培养多元化教学模式。

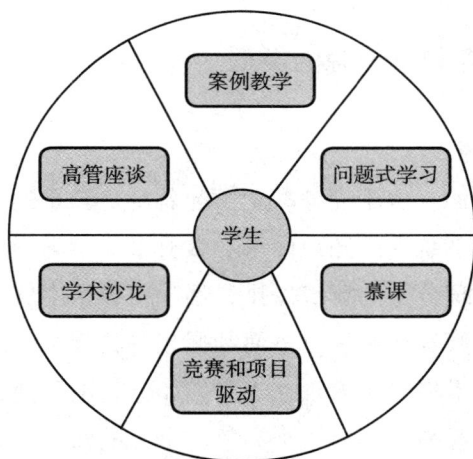

图2-1 电子商务专业人才培养多元化教学模式

# 第三章　电子商务教学资源的开发与利用

## 第一节　电子商务教学资源的类型与特点

### 一、电子商务教学资源的类型

#### （一）教材资源

第一，教材资源在电子商务教学中起着举足轻重的作用，主要是因为它们为学生构建了系统性的知识体系。教科书和教学辅导书等教材资源，通过逻辑清晰、条理分明的章节安排，逐步引导学生从电子商务的基本概念出发，深入理解其运作原理，进而掌握相关的方法论。这种系统性不仅体现在知识点的连贯性上，而且在于它们如何将电子商务的各个环节、各个方面有机地串联起来，形成一个完整、全面的知识网络。首先，教材资源会详细介绍电子商务的基本概念，如电子商务的定义、分类、发展历程等，帮助学生建立起对电子商务的初步认识。其次，教材资源会深入探讨电子商务的运作原理，包括电子商务的交易模式、支付方式、物流配送等关键环节，使学生对电子商务的运作机制有更为透彻的理解。最后，教材资源还会引导学生掌握电子商务的相关方法论，如市场分析、营销策略、客户关系管理等，从而提高学生的实践操作能力。

第二，除了构建系统性的知识体系外，教材资源还为学生提供了基本的知识框架。这个框架如同一座大厦的骨架，支撑着学生对电子商务知识的整体把握和理解。教材资源通过精心设计的章节结构和内容编排，帮助学生搭建起一个清晰、稳固的知识框架。在这个框架中，各个知识点被有序地组织起来，形成了一条条清晰的知识脉络。学生可以沿着这些脉络，逐步深入电子商务的各个领域和层面。同时，这个框架也为学生后续的学习和研究奠定了坚实的基础，使他们能够在此基础上进一步拓展与深化对电子商务的认识和理解。此外，教材资源还通过丰富多样的案例分析和实战演练，帮助学生将理论知识与实践操作相结合，进一步巩固和拓展他们的知识框架。这些案例和实战演练不仅增强了学习的趣味性与实用性，而且让学生能够在实践中不断检验和修正自己的知识框架，从而使其更加完善和稳固。

**（二）数字教学资源**

数字教学资源相较于传统教学资源，其显著特点之一是信息量大且更新迅速。电子课件、网络课程等可以轻松地整合文本、图像、音频、视频等多种信息形式，使得教学内容更为丰富和立体。这种多媒体的呈现方式不仅有助于提升学生的学习兴趣，而且能更全面地展示知识点，加深学生对其的理解和记忆。同时，数字教学资源的更新速度远超传统教材资源。随着科技进步和学科发展，新的知识和信息不断涌现。数字教学资源能够迅速将这些最新内容纳入其中，确保学生能够接触到最前沿、最准确的知识。这种实时更新的特性对于培养学生的创新思维和跟上时代发展的步伐至关重要。

数字教学资源能通过互动环节如在线测试、模拟实验、论坛讨论等，鼓励学生主动参与和反馈。这种交互性不仅提升了学生的参与度，而且有助于培养他们的批判性思维和问题解决能力。此外，数字教学资源为学生提供了更为灵活和多样的学习方式。无论是在线视频课程的随时随地学习还是网络课程的个性化学习路径，都让学习变得更加便捷和高效。学生可以根据自己的时间、地点和学习进度进行自主学习，这种灵活性极大地增强了学习的自主性。更重要的是，数字教学资源还能通过大数据和人工智能技术，为每名学生提供定制化的学习体验。系统可以根据学生的学习历史和表现，智能推荐相关的学习资源和路径，从而实现真正的个性化教育。

**（三）实验教学资源**

第一，电子商务实验教学资源，如电子商务模拟软件、实验指导书等，为学生提供了一个安全、可控的模拟环境，使他们能够在没有实际商业风险的情况下进行实践操作。这种实践机会对于学生来说极为宝贵，因为它允许学生在理论学习的基础上，通过亲身参与和实际操作来加深对电子商务流程和方法的理解。在模拟软件中，学生可以扮演电子商务交易中的各种角色，如买家、卖家、物流商等，从而全面了解电子商务交易的全过程和各个细节。这种角色扮演的学习方式不仅能够帮助学生熟悉电子商务的各个环节，而且能够提高他们的实际操作能力，为将来的职业生涯奠定坚实的基础。

第二，在实验过程中，学生不仅需要按照实验指导书的要求完成基本操作，而且需要在实验数据集的帮助下，进行数据分析、问题解决等高级思维活动。这些活动能够鼓励学生跳出传统的思维模式，尝试新的方法和策略，从而培养他们的创新意识和能力。此外，实验教学还为学生提供了一个开放、自由的学习环境，使他们能够在实践中不断探索、尝试和创新。学生可以通过对模拟软件中的参数进行调整，观察和分析不同策略对电子商务交易的影响，从而培养他们的创新思维和解决问题的能力。[1]

**（四）案例教学资源**

案例教学资源，如企业案例、行业案例等，为学生提供了电子商务在实际操作中的真实场景。这些案例通常涵盖了电子商务的各个方面，从市场定位、产品设计到营销策略、物流配送等，形成了一个完整的商业闭环。通过分析这些案例，学生能够深入了解电子商务是如何在商业环境中运作的，以及如何有效地解决实际问题。特别是对于那些缺乏实践经验的学生来说，案例教学资源提供了一个极佳的学习平台。他们可以通过研究案例中的成功与失败经验，了解电子商务运营中的关键点，以及可能遇到的挑战和风险。这种学习方式不仅能够帮助学生形成对电子商务实践应用的全面认识，而且能够提升他们的商业洞察力和问题解决能力。

案例教学资源中的跨国电子商务案例等，往往涉及复杂多变的商业环境和多元化的市场需求。在这些案例中，学生需要运用所学的电子商务知识和方法，分析和解决实际问题。这种过程不仅能够锻炼学生的问题解决

---

[1] 杨沁作. 电子商务实验教学的理论与实践研究［M］. 哈尔滨：哈尔滨出版社，2024.

能力，而且能够帮助他们更好地掌握和应用电子商务的相关方法。通过分析案例中的问题和解决方案，学生可以学会如何在不同的商业背景下灵活运用电子商务策略，以及如何根据市场变化调整和优化商业模式。这种实践导向的学习方式不仅能够提高学生的实际操作能力，而且能够培养他们的创新思维和战略眼光。

### （五）外部链接资源

一方面，通过链接专业的电子商务网站、论坛和博客，学生可以及时获取最新的行业动态、市场趋势、产品创新等信息。这些信息不仅丰富了学生的知识库，而且帮助他们更好地把握电子商务领域的发展方向。特别是在快速变化的商业环境中，对市场动态的敏锐洞察能力显得尤为重要。外部链接资源正是提供了这样一个窗口，让学生能够实时关注并了解市场的变化，从而调整自己的学习方向和职业规划。此外，这些资源中的实战案例和经验分享也能为学生提供宝贵的参考与借鉴价值，使他们在学习过程中更加贴近实际，增强学习的针对性和实效性。

另一方面，外部链接资源中往往汇聚了大量的行业专家和资深从业者。他们在论坛、博客等平台上分享自己的见解和经验，为学生提供了难得的学习机会。通过阅读和参与这些专家的讨论，学生可以深入了解电子商务行业的内核，提升对行业的认知深度。专家观点不仅为学生提供了专业的分析和解读，而且能激发他们的思考，促进知识的内化和创新。学生在与专家的交流中，可以不断培养自己的思维能力和批判精神，形成对电子商务行业的独到见解。这种深度的行业认知将为学生未来的职业发展奠定坚实的基础，使他们在激烈的市场竞争中脱颖而出。

## 二、电子商务教学资源的特点

### （一）多样性

电子商务教学资源的多样性首先体现在其涵盖的多种类型上，如传统教材、数字教学资源、实验教学资源、案例教学资源、外部链接资源等。这些不同类型的资源各具特色，能够满足不同教学环节和学生的学习需求。传统教材为学生提供了系统、全面的电子商务理论知识，是学生学习的基础；数字教学资源以数字化形式呈现，信息量大且更新迅速，为学生提供了更加灵活和多样的学习方式；实验教学资源通过模拟软件等实验工具，让学生在实践中深化对理论知识的理解与应用；案例教学资源通过实际案例的分析，帮助学生更好地掌握电子商务的实践应用和问题解决方法；外部链接资源为学生提供了接触更多行业信息、市场动态和专家观点的途径。这种资源类型的多元性使得电子商务教学能够更加全面、深入地满足学生的学习需求，提升教学效果。

**（二）交互性**

电子商务教学资源，特别是数字教学资源，如在线课程和视频，通过弹幕、评论等现代社交媒体功能，实现了学生与教学内容、学生与学生、学生与教师之间的实时互动。这种互动模式打破了传统课堂的时间和空间限制，使得学习变得更加灵活和高效。一方面，学生可以通过弹幕或评论即时表达自己的观点和疑问，这不仅有助于他们更深入地理解和掌握知识，而且能让教师或其他学生及时了解到他们的学习状态和困惑，从而进行有针对性的指导和帮助。另一方面，这种实时互动也为学生提供了一个展示自我、交流思想的平台，有助于培养他们的沟通能力和团队协作精神。电子商务实验教学资源中的模拟软件为学生提供了一个真实的操作环境，让他们在实践中学习电子商务的流程和操作。这种模拟软件通常具有高度交互性，允许学生通过鼠标和键盘进行各种操作，如商品上架、订单处理、客户服务等，从而深刻体验电子商务的实际运作。在这种实践环境中，学生不仅能够将理论知识转化为实际操作，而且能够通过反复练习和尝试，不断提升自己的操作技能，提高问题解决能力。同时，模拟软件中的即时反馈机制也能帮助学生及时了解自己的操作是否正确，从而进行有针对性的调整和改进。

**（三）实时性**

电子商务行业的快速发展意味着新的商业模式、技术应用和市场趋势不断涌现。数字教学资源和外部链接资源具有得天独厚的优势，能够迅速捕捉并反映这些行业的最新动态和趋势。通过这些资源，学生可以及时了解电子商务领域的新理念、新技术和新实践，从而保持与行业前沿的同步。数字教学资源，如在线课程、电子图书等，可以迅速更新内容，将最新的行业知识和信息融入教学中。外部链接资源，如行业网站、论坛和博客，提供了实时的行业新闻、分析报告和专家观点，帮助学生把握电子商务行业的脉搏。这种实时性的教学资源不仅能够激发学生的学习兴趣，而且能够培养他们的行业敏感度和市场洞察力。实时性的教学资源能够为学生提供最新、最准确的知识和信息，帮助他们在学习过程中保持领先地位。通过这些实时更新的教学资源，学生可以及时学习到最新的电子商务理论、技术和实践案例。这不仅有助于他们构建完整、系统的知识体系，而且能为他们在未来的职业生涯中提供有力的竞争优势。同时，这些资源还能帮助学生更好地理解电子商务行业的现实挑战和未来发展方向，从而做出更明智的决策。

**（四）开放性**

电子商务教学资源的开放性体现在其可以通过网络平台进行广泛的共享。这种共享机制打破了传统教学资源的地域限制和版权束缚，使得优质的教学资源能够被更多的学生和教育机构所获取。无论是身处城市还是乡村，学生都能通过网络接触到高质量的电子商务教学资源，从而缩小了地域间教育资源的差距。此外，开放性还促进了教学资源之间的交流与融合。不同教育机构可以共享各自的教学成果和经验，相互借鉴、共同进步。这种跨地域、跨机构的资源共享不仅丰富了教学内容和形式，而且提升了整体的教学质量。

开放性使得优质的教学资源得以广泛传播，让更多的学生有机会接触到高质量的教育内容。通过网络平台的共享，即使是偏远地区或资源相对匮乏的学校，也能获取到与发达地区同步的教学资源。这无疑为那些原本难以接触到优质教育资源的学生提供了更多的学习机会，有助于实现教育公平。同时，开放性还推动了电子商务教育的普及。随着网络技术的不断发展，越来越多的人可以通过在线学习平台接触到电子商务的相关知识。这不仅提升了公众对电子商务行业的认知和参与度，而且为行业培养了更多的潜在人才。

### （五）针对性

电子商务涉及的知识领域广泛，从基础理论到实践操作，每个环节都需要相应的教学资源来支持。教材资源以其系统性和基础性知识的传授为核心，为学生提供了坚实的理论基础，这对于初学者尤为关键。通过教材资源，学生可以全面掌握电子商务的基本概念、原理和框架，为后续深入学习奠定坚实的基础。与此同时，实验教学资源侧重对学生实践能力和创新精神的培养。在电子商务领域，实践操作能力尤为重要。实验教学资源通过模拟真实的电子商务环境，让学生在实践中学习如何运用理论知识解决实际问题。这种教学方式不仅提高了学生的动手能力，而且激发了他们的创新思维，培养了其解决问题的能力。

## 第二节　电子商务教学资源的开发与整合策略

### 一、教学资源开发的策略

#### （一）分析教学需求

教学资源的开发是一个系统而复杂的过程，其首要任务在于明确教学目标与学生的实际需求。这一步骤的完成需要教师具备深厚的学术功底与敏锐的需求洞察力。在电子商务课程这一特定领域内，教学资源的开发更应紧密围绕课程的特点与学生的实际情况进行。电子商务课程作为一门融合了信息技术与商业管理的学科，其教学内容广泛且更新迅速。因此，在开发教学资源时，教师应对电子商务的最新发展动态有深入的了解，并能够将这些前沿知识融入教学资源中。同时，教师还应充分考虑学生的学术背景，以确保所开发的教学资源既符合学生的认知水平，又能激发他们的学习兴趣。此外，学生的兴趣与学习目标是教学资源开发的重要导向。教师应通过问卷调查、访谈等方式，深入了解学生的需求与期望，从而制订出更具针对性的教学资源开发计划。在这一过程中，教师还应关注学生的个性化学习需求，力求为每名学生提供适合其特点的学习资源。

### （二）收集资料

在教学资源的开发过程中，资料的收集扮演着基石般的角色，它是整个开发流程的起点与支撑。为了确保所开发的资源既具有时效性又紧密贴合教学实际，教师必须采取多元化、系统性的资料搜集策略。具体而言，教师可以通过深入研读权威教材，把握电子商务学科的核心理论与框架，确保教学资源在知识传授上的准确无误。同时，借鉴并参考其他教师的成功教学经验和案例，可以拓宽教学思路，吸收不同教学风格与策略中的精华，从而丰富教学资源的内涵与形式。此外，利用互联网这一信息宝库进行广泛搜索，是教师获取最新电子商务发展趋势、技术创新、市场动态等关键信息的重要途径。这不仅有助于教师将前沿知识融入教学资源，使学生能够紧跟行业发展步伐，而且促进了教学内容的实时更新与迭代，增强了教学的实践性和前瞻性。在资料收集的过程中，教师还需具备批判性思维，对搜集到的信息进行筛选与甄别，确保所用资料的准确性和可靠性，避免过时或错误的信息对教学产生负面影响。

### （三）创造原始资源

在完成了资料的广泛而深入的收集之后，教师便进入了教学资源开发的核心环节——创造原始教学资源。这一步骤要求教师不仅具备扎实的专业知识，而且需拥有创新思维与教学设计能力，以便根据具体的教学需求，精心打造出既符合教学大纲要求，又能满足学生个性化学习需求的教学资源。具体而言，教师应着手制作包括但不限于课件、试题、教案等一系列原始教学材料。在课件的设计上，需注重内容的逻辑性与视觉的吸引力，通过图表、动画、视频等多种形式，将抽象的电子商务概念具象化，以增强学生的理解与记忆。试题的编制则应充分考虑不同学生的学习水平与能力差异，设计出梯度合理、难度适中的练习题，既能让基础薄弱的学生巩固基础知识，也能让优秀学生挑战自我，实现个性化学习的目标。同时，教案作为教学活动的蓝图，其设计应体现教学目标的明确性、教学过程的互动性、教学方法的多样性，以确保教学活动的有序进行与高效实施。在整个创造过程中，教师还需不断反思与调整，根据教学反馈与学生需求的变化，灵活优化教学资源，使其更加贴合教学实际，促进学生在电子商务领域的知识掌握与技能提升。总之，创造原始教学资源是一个集专业知识、教学设计、学生需求分析于一体的综合性过程，其目的在于通过提供高质量、个性化的学习材料，激发学生的学习兴趣，提升教学效果，最终实现教学目标的达成与学生能力的全面发展。

### （四）审核和完善资源

在教学资源的开发工作告一段落之后，教师随即步入一个至关重要的阶段——对已完成的教学资源进行严格的审核与完善。此环节不仅是确保教学资源质量的关键步骤，而且是增强教学资源适用性和实效性的必经之路。在审核过程中，教师应秉持严谨求实的态度，对资源的准确性进行逐一核查，确保所有信息无误，知识点表述精确，避免给学生带来误导。同时，资源的有效性也是审核的重点之一，教师要评估资源是否能有效支撑教学目标、是否有助于学生理解和掌握电子商务的核心概念与技能，以及能否激发学生的学习兴趣和动力。除此之外，可操作性也是不可忽视的审核要素，教师需要检验资源在实际教学中的应用是否顺畅、操作界面是否友好、能否方便学生自主学习和探究。在审核的基础上，教师还需对教学资源进行必要的完善工作，这可能涉及对内容的增补、调整或重构，对形式的优化或创新，以及对技术细节的修正与提升。通过这一系列细致入微的审核与完善过程，教学资源的质量得以显著提升，其针对性和实用性也大大增强，从而更好地服务于教学，促进学生在电子商务领域的知识建构与能力发展。

## 二、教学资源整合的策略

### （一）筛选和组织

教学资源的整合，作为教学资源开发与利用的关键环节，其首要任务是对庞杂多样的资源进行精心筛选与系统组织。在这一过程中，教师需充分发挥其专业判断力与课程设计能力，紧密围绕既定的教学目标与课程需求，从广泛搜集到的教学资源中甄别并挑选出那些最符合教学内容、最能激发学生学习兴趣、最能有效促进知识掌握与技能提升的资源。筛选的依据不仅包括对资源内容准确性、科学性的严格考量，而且涉及对资源形式、难度、趣味性等多方面的综合评估。完成筛选后，教师还需对这些优选出的资源进行有序组织，以构建一个逻辑清晰、层次分明、便于检索与利用的教学资源体系。这一体系的构建既要考虑到资源之间的内在联系与互补性，确保学生在学习过程中能够循序渐进、由浅入深地掌握知识；又要注重资源的多样性与灵活性，以满足不同学习风格与能力水平学生的个性化学习需求。此外，教师还需关注资源的更新与迭代，及时将新兴技术、最新研究成果、行业动态融入教学资源体系，保持其时代性与前沿性。综上所述，教学资源的整合是一个集筛选、组织、更新于一体的动态过程，它要求教师具备高度的专业素养、敏锐的信息意识与良好的课程设计能力，以确保所整合的教学资源能够最大化地服务于教学，促进学生在电子商务领域及其他相关学科中实现全面发展。

**（二）多媒体技术的应用**

多媒体技术的应用在教学资源整合中扮演着举足轻重的角色，它为教师提供了一种创新且高效的方式来融合与呈现多样化的教学资源。通过精心设计与制作，教师可以巧妙地将文字、图像、音频、视频等多种媒体形式融为一体，创造出既富有视觉冲击力又蕴含丰富信息量的教学材料。幻灯片作为常用的多媒体工具，能够清晰地展示教学内容的结构与要点，辅以图表、动画等元素，使得抽象概念具体化，复杂知识简单化，极大地增强了教学的直观性与易懂性。同时，音频资源的融入，如背景音乐、旁白讲解等，不仅能够营造愉悦的学习氛围，而且能够为学生提供听觉上的刺激，加深记忆。视频资源以其生动的画面、动态的演示，将实际操作、案例分析等内容直观展现，使学生仿佛身临其境，极大地增强了学习的沉浸感，提高了学生的参与度。这种多媒体技术的综合应用不仅丰富了教学手段，而且激发了学生的学习兴趣，促进了其主动学习与探索。更重要的是，多媒体技术的互动性特征为师生之间的即时反馈与互动提供了可能，有助于教师及时调整教学策略，满足学生的个性化学习需求，从而实现教学质量的整体提升。

**（三）知识链接**

知识链接作为教学资源整合的一种策略，通过超链接技术实现了教学材料与外部知识资源的无缝对接，为学生的学习提供了更为广阔的知识视野和深入探索的路径。教师在教学设计与资源准备过程中，可以精心挑选与教学内容紧密相关、质量上乘的网页、学术论文、在线课程等网络资源，并通过超链接的形式，将这些资源有机地嵌入教学材料中。这种链接方式既能即时地为学生提供丰富的背景知识、拓展阅读和实例分析，帮助他们更全面地理解和掌握所学内容，鼓励学生主动点击链接，进行自主学习与探究，从而培养其信息检索、筛选与批判性思维能力。此外，知识链接还有助于激发学生的创新精神，因为他们在浏览与探索相关网页的过程中可能会遇到新的观点、方法或问题，这会促使他们进行思考、质疑与尝试，进而产生新的学习成果或创意。因此，知识链接不仅是一种教学资源整合的技术手段，而且是一种教学理念与策略，它强调教学的开放性与联结性，鼓励学生在更广泛的知识网络中建构个人知识体系，提高综合素养。

**（四）个性化学习资源**

个性化学习资源的提供在教学资源整合的框架中占据着核心地位，它直接回应了教育领域中日益凸显的个体差异性与多元化学习需求。教师作为教学资源的整合者与学习活动的引导者，应当深刻认识到，每名学生在学习背景、兴趣偏好、认知能力等方面均存在差异，因此，提供符合学生个性化需求的学习资源，对于激发其学习动力、优化学习路径、提升学习效果具有至关重要的作用。在实践中，教师应采取分层教学策略，针对不同学术水平的学生，精心设计并提供难度适宜的练习题、案例分析、项目任务等学习资源。对于基础薄弱的学生，可以提供更多基础概念的讲解、步骤详细的解题过程、巩固性的基础练习，以帮助其夯实基础；对于学有余力的学生，则可以提供更具挑战性的高难度题目、前沿技术的应用实例或探究性学习项目，以激发其潜能，促进其深度学习与创新思维的发展。此外，教师还可以利用现代信息技术，如智能推荐系统、在线学习平台等，根据学生的学习进度与反馈，动态调整并推送个性化的学习资源，实现学习路径的定制化与学习支持的精准化。所以，个性化学习资源的提供不仅是教学资源整合的重要目标，而且是实现教育公平、提升教育质量、促进学生全面发展的关键举措，它要求教师具备高度的学生意识、灵活的教学设计能力与敏锐的技术应用能力，以构建出既符合教育规律又满足个体需求的教学资源生态。

### 三、电子商务教学资源的开发与整合案例分析

#### （一）电子商务教学资源开发的案例分析

多媒体教学辅助系统的开发是教育技术与学科内容深度融合的一次积极探索。该系统以优化教学效果、丰富学生学习体验为目标，通过巧妙整合多样化的教学资源与先进的技术手段，实现了教学内容的系统化、结构化与生动化呈现。在系统设计过程中，开发者充分利用了Flash MX 2004这一专业动画编辑软件的强大功能，对教学内容进行了精心的结构设计，确保了知识点的逻辑连贯与表现形式的丰富多样。同时，系统后台数据库的构建，为海量教学资源的收集、整理与存储提供了便捷高效的平台。这些资源涵盖了理论讲解、案例分析、实操演示等多个维度，极大地丰富了教学内容，增加了课堂的信息容量与密度。通过校园网的发布，该系统使得学生能够随时随地进行自主学习，不仅激发了他们的学习兴趣，而且有效提高了教学效率，提升了学习成果。值得一提的是，该系统创新性地融入了交互式教学元素，如内嵌论坛模块，为学生提供了交流讨论、协作学习的空间，公开主讲教师的联系方式则进一步打破了传统课堂的界限，促进了师生之间的即时沟通与反馈。

#### （二）电子商务教学资源整合的案例分析

以某高校电子商务教学资源库的建设实践为典范，该校秉持开放合作、资源共享的理念，联合了多所实力雄厚的高等教育机构、行业领先企业、权威行业协会，共同组建了一支高水平的开发与建设团队。此团队致力于汇聚并整合一流的教学资源，旨在打造一个智能、共享、开放且动态更新的网络营销与直播电商专业教学资源库，该资源库在省内乃至更广泛的范围内均处于领先地位。在建设过程中，项目团队采用了科学严谨的方法论，包括深入的调研论证、前瞻性的顶层设计、细致的岗位分析、高效的合作开发、开放的资源管理机制，确保了资源库的构建既符合教育规律，又能满足多样化的学习需求。资源库遵循"一体化设计、结构化课程、颗粒化资源、多场景应用"的先进建构逻辑，紧密对接电子商务行业的新业态、新标准，针对网络营销与直播电商专业群的建设需求进行了全面而深入的一体化设计。在课程

内容上，资源库不仅覆盖了所有专业核心课程，而且兼顾了专业基础课与专业拓展课，形成了完整而丰富的课程体系。资源类型多样，且以短小精悍为特点，便于学生在不同场景下灵活应用，无论是学校教学、社会培训、技能认证、竞赛准备还是升学辅导、就业支持，乃至城市生活类直播、农村农产品推广直播等，均能找到适用的资源。

## 第三节　电子商务教学资源的共享与利用机制

### 一、构建开放式的共享平台

#### （一）构建开放式共享平台的必要性及其技术要求

对于电子商务这一涉及多学科、实践性强的领域，构建一个开放式的共享平台更是至关重要。这样的平台不仅能够促进教学资源的最大化利用，而且能够加强教师、学生和行业之间的交流与合作。从技术层面来看，开放式共享平台的建设需要充分利用现代信息技术，尤其是云计算和大数据技术。云计算为海量教学资源的集中存储和高速处理提供了可能，使得用户可以随时随地访问所需资源。大数据技术能够实现对教学资源的深度挖掘和精准分析，为用户提供个性化的资源推荐和学习路径。这些技术手段的运用共同构成了开放式共享平台的技术基础，确保了平台的稳定性、高效性和易用性。此外，平台的兼容性和可扩展性也是不可忽视的技术要求。由于电子商务教学资源来源于多个渠道，类型多样，因此，平台必须具备高度的兼容性，能够无缝对接各种格式的教学资源。同时，随着电子商务行业的快速发展，教学资源也会不断更新和扩充，这就要求平台具备良好的可扩展性，以适应未来资源增长的需求。

#### （二）鼓励用户参与资源的共建共享

在开放式共享平台中，鼓励每一个用户都成为资源的贡献者和使用者，形成良性的资源共享生态。为了实现这一目标，平台需要设立有效的激励机制。例如，通过积分兑换系统，用户可以根据自己上传资源的数量和质量获得相应的积分，这些积分可以用于下载其他用户分享的资源或兑换平台提供的其他服务。此外，贡献度排名也是一种有效的激励方式。通过定期公布用户的贡献度排名，不仅可以表彰那些积极分享优质资源的用户，而且可以激发其他用户的参与热情。在鼓励用户参与的同时，也要注意资源共享可能带来的版权问题。平台需要建立完善的版权保护机制，确保上传的资源不侵犯他人的知识产权。这可以通过设置版权声明、建立侵权投诉渠道等方式来实现。

### （三）确保共享资源的准确性和可靠性

为了确保共享资源的准确性和可靠性，需要建立严格的资源审核机制。首先，平台应对上传的资源进行初步筛选，排除那些明显不符合要求或存在版权问题的资源。其次，可以引入专家评审团队对资源进行深度审核，确保其内容的准确性和适用性。最后，可以通过用户反馈系统来持续优化资源质量。用户可以对使用过的资源进行评分和评论，这些反馈信息将作为平台优化资源的重要依据。除了资源审核机制外，还可以通过技术手段来增强资源的可靠性。例如，利用区块链技术为每个资源建立一个不可篡改的数字指纹，确保资源的真实性和完整性。同时，平台还可以定期对资源进行备份和恢复测试，以防止因意外情况导致的数据丢失或损坏。

## 二、创新资源利用模式

### （一）引入项目式学习模式

项目式学习是一种以学生为中心、以解决实际问题为核心的教学方法。在电子商务教学资源的利用中，引入项目式学习模式能够显著提高学生的实践能力和创新思维。通过设定具体的电子商务项目，如网店运营、市场营销策划等，学生需要在教师的引导下，主动探索和利用共享平台上的教学资源，完成项目任务。在这一过程中，学生需要运用所学的电子商务理论知识，并结合实际情况进行分析、策划和执行。这种学习方式不仅能够加深学生对电子商务知识的理解和掌握，而且能够培养其解决实际问题的能力。同时，项目式学习模式强调团队合作和沟通交流，这也有助于提高学生的团队协作能力和沟通能力。为了更有效地实施项目式学习模式，教师需要精心设计项目任务，确保其既具有挑战性又符合学生的实际水平。同时，教师还需要提供必要的指导和支持，帮助学生解决在项目执行过程中遇到的问题。通过这种方式，可以充分利用电子商务教学资源共享平台，实现理论与实践的有机结合，提升学生的综合素质。

### （二）利用虚拟现实和增强现实技术创建模拟环境

随着科技的进步，虚拟现实和增强现实技术在教育领域的应用越来越广泛。在电子商务教学资源的利用中，教师可以借助这些技术创建模拟电子商务环境，为学生提供一个沉浸式的学习体验。通过虚拟现实和增强现实技术，可以模拟出真实的电子商务交易场景，如网上商城、物流配送中心等。学生可以在这个虚拟环境中进行角色扮演、模拟交易等操作，从而更直观地理解和掌握电子商务的运作机制。这种学习方式不仅能够激发学生的学习兴趣，而且能提升其学习效果。在模拟环境中，学生可以自由地探索和实践，无须担心实际操作可能带来的风险和成本。同时，教师可以根据学生的表现和需求，及时调整模拟环境的参数和难度，以满足不同学生的学习需求。通过这种方式，可以充分利用电子商务教学资源共享平台上的丰富资源，为学生提供一个真实、生动且高效的学习环境。

### （三）构建多元化的评价体系

传统的以考试成绩为主的评价方式已无法满足现代电子商务教学的需求，需要建立一种多元化的评价体系，以全面、客观地评估学生的学习效果和实践能力。这种评价体系应包括多个方面，如项目完成情况、团队协作能力、创新思维等。通过综合评价这些方面，可以更准确地了解学生的实际水平和潜力，从而为其提供更个性化的教学资源和指导。同时，多元化的评价体系还能激发学生的学习动力，促进其全面发展。在实施多元化的评价体系时，需要注重过程的评价和反馈。教师可以通过观察学生的学习过程，及时给予指导和建议，帮助其发现问题并改进。同时，学生之间也可以进行互评和反馈，以互相学习和进步。通过这种方式，可以充分利用电子商务教学资源共享平台上的评价工具和功能，提升教学质量和学习效果。

### 三、建立跨学科的资源共享与利用机制

电子商务是一个融合了市场营销策略、先进信息技术、高效物流配送的复杂系统。这种跨学科性要求在教学过程中必须打破传统的单一学科框架，实现多学科资源的有效整合。例如，在市场营销方面，需要借助消费者行为学、市场调研等理论来指导电子商务平台的推广策略；在信息技术领域，需要运用大数据分析、云计算等技术来优化电子商务平台的运营效率；物流配送则涉及供应链管理、仓储管理等多个领域的知识。建立跨学科的资源共享与利用机制，不仅可以丰富电子商务教学的内容，使其更加贴近实际应用，而且可以帮助学生从多角度、多层次理解电子商务的运作机制，提高其综合素养。

为了有效整合和利用跨学科的教学资源，需要构建一个多元化的教学团队。这个团队应由来自不同学科背景的教师组成，如市场营销专家、信息技术工程师、物流管理专家等。他们可以根据自己的专业知识和实践经验，共同开发与设计电子商务的教学内容和教学方法。通过定期的团队讨论和交流，教学团队可以不断完善和调整教学计划，确保教学内容既全面又深入。同时，他们还可以利用自己的社会资源，邀请业界专家举办讲座或开展实践教学，为学生提供更为真实和前沿的行业信息。此外，跨学科的教学团队还可以共同开发和建设电子商务的实践教学平台。这个平台可以集成市场营销模拟、信息技术实验、物流配送仿真等多个模块，为学生提供一个全方位、立体化的学习环境。

### 四、注重资源的持续更新与优化

第一，电子商务行业的快速变化要求教学资源不仅要有深度，而且要有广度和时效性。为此，建立一个动态反馈机制显得尤为重要。该机制能够实时收集并分析学生、教师和行业专家的反馈，从而为教学资源的改进提供有力的数据支撑。动态反馈机制的核心在于其"动态性"和"反馈性"。动态性意味着这一机制能够随着时间和情境的变化而调整，确保所收集的信息始终与当前电子商务行业的发展紧密相关。反馈性强调信息的

双向流动，即不仅从学生、教师和行业专家那里收集意见，而且要将改进后的教学资源反馈给他们，形成一个良性的互动循环。通过这一机制，可以及时了解学生在学习过程中遇到的困难和需求，发现教学资源中存在的问题和不足，以及获取行业专家对教学资源内容和形式的建议。这些信息对于持续完善和优化教学资源至关重要。

第二，基于动态反馈机制收集到的信息，可以对教学资源进行持续的改进和完善。这包括但不限于更新案例研究、调整课程结构、优化教学方法等。例如，如果反馈显示学生对某一章节的内容存在困惑，可以有针对性地增加解释性材料或实例，以帮助学生更好地理解和掌握。如果行业专家指出某些教学内容已过时或与当前行业实践不符，会立即进行更新，确保教学资源的时效性和实用性。此外，还会根据学生的学习进度和反馈，灵活调整教学计划和教学方法。例如，通过引入更多实际案例、组织小组讨论或开展实践项目等方式，激发学生的学习兴趣和积极性。这种持续改进和完善的过程不仅能提升教学质量，而且能确保教学资源始终与电子商务行业的最新发展保持同步。

第三，电子商务行业日新月异，新的商业模式、技术应用和市场趋势层出不穷。为了确保教学资源的时效性和前瞻性，必须密切关注行业的最新动态和技术发展趋势。具体而言，会定期浏览和分析行业报告、参加电子商务相关的研讨会和论坛、与业界人士保持紧密联系等，以便及时捕捉行业的最新变化和发展趋势。这些信息将被整合到教学资源中，确保学生能够接触到最前沿、最实用的知识和技能。同时，也会鼓励学生和教师主动关注行业动态，培养他们的行业敏感度和洞察力。通过组织定期的行业分享会、邀请业界专家举办讲座、开展合作项目等方式，可以帮助学生和教师更深入地了解电子商务行业的实际运作与未来发展。

## 五、强化知识产权保护与激励机制

### （一）建立完善的知识产权保护制度

为了切实保护原创者的知识产权，必须建立一套完善的知识产权保护制度。这一制度应明确规定教学资源的归属权、使用权和传播权，以及相应的侵权责任和处罚措施。同时，还应设立专门的机构或人员负责知识产权的管理和维权工作，确保制度的有效执行。在制度设计上，可以借鉴国内外先进的知识产权保护经验，结合电子商务教学资源的特点和实际需求，制订出切实可行的保护措施。例如，可以建立教学资源注册制度，为每一份原创教学资源分配唯一的标识码，便于追踪和管理。此外，还可以设立举报和投诉机制，鼓励用户积极维护自己的权益，及时揭露和打击侵权行为。

**（二）采用技术手段加强保护**

除了制度层面的保障外，还可以采用一系列技术手段来加强知识产权保护。例如，可以利用数字水印、加密技术等对教学资源进行保护，防止其被非法复制和传播。同时，还可以开发专门的教学资源管理平台，对资源的上传、下载、使用等环节进行严格的权限控制和日志记录，确保资源的合法使用。这些技术手段不仅可以有效防止侵权行为的发生，而且可以为原创作者提供更为安全、便捷的资源分享环境。例如，通过数字水印技术，可以在不影响教学资源使用的前提下，为每一份资源嵌入唯一的标识信息，便于后续追踪和维权。加密技术则可以确保教学资源在传输和存储过程中的安全性，防止数据泄露和非法访问。

**（三）设立激励机制鼓励原创**

为了保护原创作者的积极性并促进优质教学资源的持续涌现，应该设立相应的激励机制。这可以通过多种方式实现，如设立版权奖励基金，为优秀的原创教学资源提供经济奖励；提供资源开发者认证，以提高其社会认可度；举办教学资源创作大赛等活动，激发教师和学生的创新活力。这些激励机制不仅可以直接回馈原创作者的努力和贡献，而且可以在整个社区中营造一种尊重原创、鼓励创新的氛围。当原创作者看到自己的作品得到认可和奖励时，他们会更有动力继续投入教学资源的创作和分享中。同时，这些机制也可以吸引更多的教师和学生加入教学资源的开发与利用中，从而丰富整个资源库的内容。

# 第四章　电子商务教学与课程体系建设

## 第一节　电子商务教学基础

### 一、电子商务教学的教育理念

#### （一）以能力培养为核心的教学目标

电子商务教学的首要目标是培养学生的实践能力，这也是教育过程中的核心导向。实践能力的培养不仅涵盖了电子商务平台的基础操作，而且深入到网络营销策略的精心实施、电子支付的熟练处理以及客户服务管理的专业技巧。这一系列实际操作技能是学生在电子商务领域必须掌握的基本功。为了实现这一目标，教学实践中应通过丰富多样的实践操作和深入细致的案例分析，使学生能够全方位、多角度地理解和掌握电子商务运营的精髓。通过这样的教学过程，学生不仅能够熟练掌握电子商务的各项实操技能，而且能够在未来的职业生涯中，凭借这些技能在电子商务领域脱颖而出，为行业的发展贡献自己的力量。这种以实践能力培养为核心的教学理念无疑为学生将来从事电子商务相关工作奠定了坚实的基础，也为他们未来的职业发展铺平了道路。通过这样的教育引导，教师有信心培养出一批既具备理论知识，又拥有实践能力的电子商务专业人才。[①]

在教学目标的设定中，必须着重强调对学生创新思维和创业精神的培养。为了达成这一目标，教师应积极引导学生密切关注电子商务行业的最新动态，深入理解并分析市场的发展趋势。通过对行业前沿知识的不断

---

[①] 芦亚柯，刘章勇. 电子商务教学与实践研究［M］. 长春：吉林教育出版社，2018.

探索与学习，学生可以逐渐拓宽视野，增强对电子商务领域的整体把握。同时，教师还需有意识地激发学生的创新意识，鼓励他们勇于挑战传统观念，寻求新的解决方案。此外，通过实际案例分析和问题解决实践，教师可以帮助学生锻炼发现并解决问题的能力，这种能力在未来的职业生涯中将具有极其重要的价值。

### （二）灵活多样的教学方法

通过精心挑选和引入真实案例，教师能够为学生提供一个直观、生动的学习环境，帮助他们更好地理解电子商务的实际运作过程。这种教学方法的优势在于，它能够让学生置身于真实的商业场景中，从而更深刻地感受到电子商务的魅力和挑战。在案例教学中，学生不仅需要运用所学的理论知识去分析案例，而且需要针对案例中的问题提出切实可行的解决方案。这一过程不仅锻炼了学生的分析问题和解决问题的能力，而且促进了他们批判性思维和创新思维的发展。更重要的是，案例教学有效地架起了理论知识与实际应用之间的桥梁，帮助学生将抽象的理论知识转化为解决实际问题的能力，从而加深了他们对电子商务的深层次理解。通过组织学生参与电子商务项目实践，如运营网店、进行营销推广等实际活动，教师为学生创造了一个真实且富有挑战性的学习环境。在这样的实践过程中，学生不仅能够亲身感受到电子商务运营的全过程，而且能够在实际操作中不断磨砺和提升自身的专业技能。项目式学习的核心在于"实践中学"，它鼓励学生通过亲身参与，发现问题、分析问题并寻求解决方案，这样的过程无疑会极大地提高学生的实际操作能力。同时，由于项目式学习通常需要团队成员之间的紧密协作，这也为学生提供了培养团队协作精神的良好机会。在共同完成项目的过程中，学生将学会如何与他人进行有效沟通、如何分工合作、如何共同解决问题。这些都是未来职业生涯中不可或缺的能力。

### （三）注重实践教学的教育理念

与企业合作开展实践教学是电子商务教育中一种富有成效的教学模式，这种合作模式使学生置身于实际的工作环境中，让他们有机会亲身体验和参与真实的电子商务运营过程。在这样的实践环境中，学生不仅能够直观地了解企业运营的各个环节，而且能够深入洞察企业对于电子商务专业人才的具体需求和期望。通过与企业紧密合作，教师可以及时调整教学内容和方法，确保教育与实践紧密结合。同时，学生在实际工作中所获得的经验也将使他们对市场动态有更为敏锐的感知，从而能够更快速地适应不断变化的市场环境。这种实践教学模式不仅有助于提高学生的职业素养，使他们在毕业时具备更强的就业竞争力，而且能为他们未来的职业发展奠定坚实的基础。实训课程为学生提供了一个模拟的电子商务环境，使他们能够在相对真实的情境中进行实际操作。通过这样的实训平台，学生可以模拟电子商务交易的各个环节，从商品选择、价格策略制订到订单处理、物流配送再到售后服务，每一步都能得到充分的实践。这种模拟操作不仅有助于学生深入理解电子商务交易的全流程，而且能有效提高他们的实践能力。同时，实训课程中设置的突发状况和挑战性任务还能锻炼学生的应变能力，使他们在面对复杂多变的电子商务环境时，能够迅速做出判断和决策。综上所述，实训课程的设立不仅为学生提供了一个安全、有效的实践平台，而且是提高他们实践能力和应变能力的重要途径，为他们未来在电子商务领域的职业发展奠定了坚实的基础。[①]

**（四）科学有效的评价体系**

在电子商务教学中，对学生的学习过程给予充分关注并进行全面的评价，不仅仅是为了评估学生的学习成果，更是为了及时了解他们的学习情况，从而提供有针对性的指导和帮助。通过细致观察学生的课堂表现，可以深入了解他们对知识点的掌握情况、学习态度及参与课堂讨论的积极性。同时，作业完成情况也是评价学生学习过程的重要环节。作业的完成质量和准时性不仅反映了学生的学习效率与责任心，而且揭示了他们在解决问题和应用知识方面的能力。这种关注学生学习过程的评价方式旨在及时发现学生的学习难题和误区，以便教师能迅速提供反馈和指导，帮助学生纠正错误并弥补薄弱环节。通过期末考试、课程设计等方式对学生的学习成果进行评价被称为结果性评价，旨在全面检验学生在一段时间内的学

---

① 梁珏菲. 电子商务专业实践能力培养的教学改革探究［J］. 福建轻纺，2024（5）：65-67.

习效果，衡量他们对电子商务领域知识的掌握程度和应用能力。期末考试通常涵盖课程的核心知识点，要求学生综合运用所学知识来解决问题，从而有效地评价学生的知识水平和理解能力。课程设计则要求学生将理论知识应用于实际项目中，通过实际操作来展示他们的实践能力和创新思维。结果性评价不仅为学生提供了一个展示自己学习成果的舞台，而且为教师提供了了解学生学习状况的重要途径。通过对学生学习成果的评价，教师可以发现学生在哪些方面表现出色、哪些方面仍需加强，并据此为他们提供更有针对性的指导和建议。

## 二、电子商务教学中的教师、学生及师生关系

### （一）教师在电子商务教学中的角色与责任

电子商务作为一个融合了市场营销、信息技术、法律法规等多个学科领域的综合性专业，要求教师不仅要有深厚的专业知识储备，而且要具备跨学科的整合能力。这意味着教师不仅要深入地了解电子商务的基本概念、原理和方法，而且要将这些知识与其他学科领域进行有机的结合，从而为学生提供更为全面和深入的教学内容。随着科技的飞速发展和市场的不断变化，电子商务领域也在持续演进。新的商业模式、新的技术手段、新的法律法规不断涌现，这要求教师必须保持敏锐的市场触觉和持续学习的态度。教师需要定期关注行业动态，参加专业培训和学术交流活动，与业界保持紧密联系，以便及时获取最新的行业信息和知识。只有这样，教师才能确保自己所教授的内容是最新、最全面的，才能为学生提供真正有价值的学习体验。教师的这种持续学习和自我更新的态度也会潜移默化地影响学生，激发他们对知识的渴望和对学习的热情。

除了专业知识的传授外，教师在电子商务教学中还承担着重要的德育责任。教师的言传身教对学生产生深远的影响。教师需要注重自身的道德修养和职业操守，通过自己的行为示范来引导学生树立正确的世界观、人生观、价值观。同时，教师还需要关注学生的全面发展。在传授专业知识的同时，教师应帮助学生提高综合素质，为他们的未来职业生涯奠定坚实

的基础。教师可以通过组织各种团队活动、实践项目和社会实践等方式锻炼学生的这些能力。此外，教师还应关注学生的心理健康和情感需求。电子商务行业竞争激烈，学生面临着巨大的学习压力和就业压力。教师需要时刻关注学生的心理状态，及时给予他们必要的心理辅导和支持。

**（二）学生在电子商务教学中的地位与作用**

在电子商务的学习中，学生需要明确自己的学习目标，既包括对知识掌握的程度，又涉及对未来职业发展的规划和定位。电子商务领域知识体系庞大且复杂，涵盖了市场营销、信息技术、物流管理等多个方面，学生必须根据自己的兴趣、特长、职业规划，有针对性地选择重点学习的内容和方向。制订合理的学习计划是实现学习目标的关键。学生应根据课程安排和自己的实际情况，制订出既切实可行又能保证学习效率的学习计划。这一计划不仅要确保学习过程的系统性和连贯性，而且要考虑到时间管理和精力分配，以便在有限的时间内取得最佳的学习效果。此外，学生还应根据自己的学习进度和反馈，灵活调整学习计划。这要求学生具备自我监控和自我调整的能力，以便在不断变化的学习环境中保持高效的学习状态。

课堂讨论是检验学生理解程度和思维能力的重要环节，通过参与讨论，学生不仅可以加深对知识点的理解，而且可以锻炼自己的逻辑思维和表达能力。同时，课堂讨论也是学生之间互相学习、互相启发的过程，有助于拓宽学生的视野和思路。实践活动则是电子商务学习中不可或缺的一部分。例如，通过参与网店运营、营销推广等实践活动，学生可以将所学理论知识应用于实际情境中，从而提高自己的实践能力和创新能力。这些实践活动还能帮助学生更好地理解电子商务市场的运作机制，为未来的职业生涯奠定坚实的基础。

学生应通过参与小组讨论、项目合作等方式，积极培养自己的团队协作能力和沟通能力。团队协作能力的培养需要学生学会在团队中发挥自己的作用，与团队成员协作完成任务。这要求学生具备良好的团队合作精神和团队意识，能够在团队中积极贡献自己的力量，并尊重和支持其他团队成员的工作。同时，学生还应学会在团队中处理冲突和分歧，以确保团队的和谐与高效运作。沟通能力的培养要求学生学会有效地表达自己的观点和想法，并能够倾听和理解他人的意见。在电子商务工作中，良好的沟通能力有助于提高工作效率，促进团队成员之间的合作与协调。学生应通过不断地实践和学习，提高自己的沟通技巧和表达能力。

**（三）电子商务教学中师生关系的构建**

每名学生都是独一无二的个体，他们拥有不同的学习特点、兴趣爱好和学术背景。在电子商务教学中，教师需要充分尊重学生的个性差异，根据每名学生的实际情况进行有针对性的教学。这意味着教师应灵活调整教学策略，以满足不同学生的学习需求。为了实现这一目标，教师需要深入了解每名学生的特点，包括他们的学习习惯、兴趣爱好以及学术水平等。通过与学生进行深入的交流和沟通，教师可以更好地理解学生的需求，从而为他们量身定制合适的学习方案。同时，教师还应关注学生的心理健康和情感需求，及时给予他们必要的关心和支持，以帮助他们解决学习和生活中遇到的问题。尊重学生的个性差异和学习需求，不仅有助于提升学生的学习兴趣，增强学生学习的积极性，而且能培养他们的自信心和自主学习能力。

在电子商务教学中，教师是学生学习的重要引导者，他们不仅具备丰富的专业知识，而且拥有多年的教学经验。学生应充分尊重教师的劳动成果和教学经验，珍惜与他们相处的时光。为了达到这一目的，学生需要保持谦虚好学的态度，虚心向教师请教问题，认真听取他们的意见和建议。通过不断的学习和实践，学生可以更好地掌握电子商务的相关知识和技能，提升自己的学习效果。同时，学生还应积极参与课堂讨论和实践活动，与教师进行深入的交流和互动，以便更好地吸收和借鉴教师的教学经验。珍视教师的劳动成果和教学经验，不仅能提升学生的学术水平，提高学生的实践能力，而且能培养他们的感恩之心和尊重他人的品质。

为了实现教学目标和提升学习效果，师生双方应建立平等、互信、互助的合作关系。这种关系的建立需要双方共同努力和付出。教师应主动与学生保持平等的沟通和交流。他们需要倾听学生的声音，了解学生的需求和困惑，及时给予指导和帮助。同时，教师还应鼓励学生提出自己的观点和见解，激发他们的创新思维并提高实践能力。学生应积极参与教学过程，与教师形成良好的互动和合作。他们需要信任教师，相信教师能够提供有价值的知识和经验。同时，学生还应主动寻求教师的帮助和支持，以便更好地解决学习中遇到的问题。

## 第二节　电子商务教学标准解读与课程设计

### 一、电子商务教学标准制定的原则与依据

#### （一）电子商务教学标准制定的原则

1. 规范性原则

电子商务教学标准的规范性原则，是指在制定和实施电子商务教学标准时，必须遵循一系列明确、严谨的规范，以确保教学质量和效果的一致性、高效性。规范性原则要求电子商务教学标准必须具有明确的目标和定位，以指导教学实践。这意味着标准应清晰地界定电子商务教育的核心目标，包括培养学生的电子商务理论基础、实践能力和创新思维等，同时明确各阶段的教学内容和方法，从而确保教学活动能够有条不紊地进行。规范性原则强调电子商务教学标准应基于行业需求和国家标准来制定。通过深入了解电子商务行业的实际需求和国家标准，教学标准能够更贴近实际，为学生提供更具实用性和前瞻性的知识与技能。规范性原则还体现在对教学评价体系的规范化要求上。建立科学、公正、客观的教学评价体系是确保教学质量的关键。规范性原则要求评价体系应全面考虑学生的学习成果、实践能力、创新思维等多个方面，采用多样化的考核方式，以确保评价结果的准确性和公正性。规范性原则也强调电子商务教学标准的定期修订和更新。随着电子商务行业的快速发展，教学标准需要与时俱进，及时吸收新的理论和实践成果，以保持其指导性和实用性。

2. 就业导向性原则

电子商务教学标准的就业导向性原则，是指在制定和实施电子商务教学标准时，应以提升学生的就业竞争力和适应职场需求为核心目标。这一

原则着重强调以下几个方面：就业导向性原则要求电子商务教学标准紧密结合行业发展和市场需求。通过深入分析电子商务行业的就业趋势和岗位需求，教学标准应有针对性地设置课程体系，确保学生所学知识和技能与行业需求紧密相连。这样，学生在毕业后能够迅速适应职场环境，提高就业成功率。该原则强调培养学生的实践能力和职业技能。电子商务是一个实践性很强的领域，教学标准应注重实验、实训等实践教学环节的设计与实施。通过模拟实战、案例分析等方式，提高学生的动手能力和解决问题的能力，使其更好地满足用人单位的实际需求。就业导向性原则还倡导与企业的紧密合作。通过建立校企合作机制，引入企业资源和项目，让学生在校期间就能接触到真实的电子商务运营环境和业务流程。这种合作模式不仅能够为学生提供更多的实践机会，而且有助于他们建立职业网络，为未来就业奠定坚实的基础。就业导向性原则也强调职业规划和就业指导的重要性。教学标准中应融入职业规划教育，帮助学生了解自己的兴趣、能力和职业倾向，制订合理的职业目标。

3. 可操作性原则

电子商务教学标准的可操作性原则，是指在构建和实施电子商务教学标准时，必须确保各项教学要求和活动具有明确的步骤、方法、评估准则，以便于教育工作者和学生能够清晰理解并执行。这一原则的核心在于教学标准的实用性和可执行性，它直接关系到教学质量和学习效果。可操作性原则要求电子商务教学标准中的每一项内容都应具备明确的操作指南。这意味着，无论是理论教学还是实践教学，都应提供具体的教学步骤和方法，使得教师和学生能够依据标准有序地进行教学活动。例如，在教授电子商务基础知识时，标准应明确列出需要掌握的关键概念和技能，以及相应的教学方法和评估手段。可操作性原则强调教学标准的量化与细化。为了便于评价教学效果，标准中应包含具体的考核指标和评分标准。这些指标不仅应涵盖知识掌握程度，而且应包括实践操作能力、创新思维能力等多个方面。通过量化的方式，可以更直观地反映学生的学习进度和成果，进而调整教学策略。可操作性原则还要求教学标准具备一定的灵活性和适应性。电子商务是一个快速发展的领域，新的技术和业务模式层出不穷。教学标准应在确保基础知识和技能传授的同时，留出足够的空间供教师和学生探索新兴领域。

4. 普适性原则

电子商务教学标准的普适性原则，指的是在制定电子商务教学标准时，应确保其具有广泛的适用性和通用性，能够适应不同地域、不同教育机构、不同学生群体的需求。这一原则强调教学标准的普遍性和基础性，旨在构建一个既符合电子商务教育基本规律，又能灵活适应各种教学环境的标准体系。普适性原则要求电子商务教学标准不局限于特定的地域或文化环境。不同地区、不同国家的教育体系和学生群体存在差异，教学标准应充分考虑这些差异，提炼出电子商务教育的共性内容和核心技能，以确保标准具有普遍适用性。普适性原则还体现在对不同教育机构的适应性方面。无论是高等教育机构、职业教育机构还是在线教育平台，都能够依据这一标准开展电子商务教学活动。这就要求标准在制定过程中充分考虑不同教育机构的教学资源和教学条件，确保标准既不过于高端也不过于低端，而是具有广泛的包容性。普适性原则也强调对学生个体差异的尊重。每名学生的学习背景、学习能力和学习兴趣都不尽相同，电子商务教学标准应在保证基本教学质量的前提下，为学生提供一定的选择空间和发展方向。

**（二）电子商务教学标准制定的依据**

1. 时代发展与行业需求

电子商务教学标准的制定，首要考虑的是当前时代发展的宏大背景和电子商务行业的实际需求。在信息技术日新月异、全球化浪潮不断推进的今天，电子商务已然崛起为现代商业活动的核心组成部分，其重要性不言而喻。制定与时俱进的教学标准显得尤为关键，它必须能够敏锐地捕捉并准确反映电子商务行业的最新发展动态与趋势。其中，新兴技术的融合应用是一个不可忽视的方面。大数据、云计算、人工智能等尖端科技正在逐渐渗透到电子商务的各个环节中，从数据分析、用户行为预测到智能推荐、自动化客服等，无一不体现出科技对电子商务的深刻改造。教学标准应当将这些技术元素纳入其中，使学生能够掌握运用这些技术提高电子商务运营效率和用户体验感的能力。同时，消费者行为的变化和市场动态的演变也是制定教学标准时必须考虑的重要因素。随着网络环境的成熟和消费者需求的多样化,电子商务领域正面临着前所未有的挑战与机遇。消费者的购物习惯、支付偏好、信息获取方式等都在不断变化,市场动态也随之波动。教学标准需要密切关注这些变化,并将其融入教学内容,以确保学生能够在未来的职业生涯中灵活应对各种市场情况,为电子商务行业的持续发展贡献力量。

2. 国家宏观战略与相关制度导向

以我国的"双创战略"和"互联网+战略"为例,这些国家战略不仅凸显了电子商务在推动经济发展、促进创新创业中的核心地位,而且为电子商务教育指明了方向。教学标准的设定必须紧密围绕这些战略需求,明确国家对电子商务人才培养的具体期望和要求。在这样的背景下,教学标准应着重培养学生的创新思维、创业能力以及对互联网技术的深刻理解与应用能力。通过系统化的课程设计,使学生能够全面掌握电子商务运营、市场营销、供应链管理等方面的知识与技能,从而具备推动电子商务行业持续发展的综合实力。同时,遵守相关法律法规也是制定教学标准不可忽视的一环。《中华人民共和国电子商务法》等相关法律法规对电子商务教学活动提出了明确的规范性要求,旨在保障市场秩序和消费者权益。在制定教学标准时,必须严格遵循这些法律条款,确保所有教学活动都在法律框架内进行,既维护了教育的合法性,也为学生未来从事电子商务相关工作奠定了坚实的法律基础。通过这样的标准制定,可以培养出既符合国家战略需求,又具备法律意识和职业素养的电子商务专业人才。

3. 教育教学改革趋势

随着教育理念的持续更新与教学技术的不断进步,传统的教学框架和方法正经历着根本性的变革。在这一背景下,电子商务教学急需与时俱进,积极探索并实践创新的教学方式。线上线下相结合的教学模式便是其中的一种尝试,它融合了实体课堂与网络教学的优势,为学生提供更为灵活与多样的学习路径。项目式学习通过实际操作与团队协作,让学生在解决实际问题的过程中深化对电子商务的理解与应用。情境教学致力于创造贴近真实商业环境的学习场景,帮助学生更好地将理论知识转化为实践能力。同时，教学标准在关注教学方法创新的同时，也应着眼于数字资源建设与教学诊断等教学改革热点。数字资源的丰富与完善，不仅能够为学生提供更为便捷与高效的学习材料，而且能够助力教师进行教学设计与实施。教学诊断能够帮助教师精准把握学生的学习状况与需求，从而及时调整教学策略，优化教学效果。通过充分利用现代信息技术，可以实现教学质量的显著提升与教学效率的全面提高，进而培养出更多适应未来电子商务领域发展需求的优秀人才。[①]

4. 典型职业活动和岗位职业能力分析

电子商务作为一个多元化、跨领域的行业，涵盖了网络营销、电子商务运营、客户服务等多个领域和岗位。这些岗位各有其独特的职责和技能要求，因此，在制定电子商务教学标准时，必须对这些典型职业活动和岗位所需的职业能力进行深入的分析与研究。通过与企业的交流与合作，可以直接了解各个岗位在日常工作中所面临的挑战和所需的技能，从而将这些实际需求反映在教学标准中。开展深入的市场调研也是必不可少的环节。市场调研有助于学生全面了解行业的最新动态和发展趋势，以及不同岗位对电子商务人才的具体要求，进而确保教学标准的时效性和实用性。此外，邀请行业专家参与教学标准的制定过程也是一个有效的途径。行业专家凭借其丰富的实践经验和专业知识，能够提供宝贵的建议和意见，使教学标准更加贴近实际职业需求。这种以职业为导向的教学理念不仅能够确保教学标准与职业需求的紧密结合，而且有助于学生更好地适应未来工作岗位的挑战。通过学习和实践这些与实际职业需求紧密相连的知识与技能，学生能够更加自信地面对未来的职业生涯，并为电子商务行业的发展贡献自己的力量。

5. 国际经验与本土特色相结合

在制定电子商务教学标准的过程中，不仅要立足于本国的教育实际，而且应放眼全球，积极借鉴国际上的先进经验和做法。通过深入比较和分析不同国家与地区的电子商务教学标准，能够洞察其教育理念、教学方

---

① 孙霏．电子商务专业教学改革与实践探索［J］．湖北开放职业学院学报，2024，37（3）：189-190+193.

法、评价体系等方面的差异与优势。这一过程不仅有助于汲取各国教学标准的精华，而且能激发对自身教育体系的反思与创新。在吸收国际经验的同时，必须充分考虑我国的文化背景、教育体制、社会经济发展状况等实际情况。通过巧妙地融合国际先进元素与本土特色，可以构建出既符合国际教育趋势，又贴近我国教育需求的电子商务教学标准。这种国际性与本土性的结合不仅有助于提升我国电子商务教育的整体水平，而且能培养出既具备国际视野，又深谙本土市场的优秀人才。他们将在全球电子商务领域中发挥重要作用，推动我国电子商务行业与国际接轨，提升我国在该领域的国际竞争力。同时，这种结合也体现了对教育多样性的尊重和对本土文化的传承，有助于形成独具特色的电子商务教育体系。

## 二、电子商务教学课程设计

### （一）课程目标

课程的目标是帮助学生掌握电子商务的基本理论、知识和技能，使其能够胜任电子商务相关工作。具体目标包括：

（1）理解电子商务的基本概念、发展历程及现状，对电子商务有全面的认识。

（2）掌握电子商务的主要模式，包括B2B、B2C、C2C等，了解各种模式的运作机制和特点。

（3）掌握网络营销的策略和方法，能够进行网络营销活动的策划和执行。

（4）了解电子支付方式及其安全保障措施，能够处理电子支付过程中的问题。

（5）熟悉物流配送和供应链管理的相关知识，提高物流效率和客户满意度。

### （二）课程内容设计

#### 1. 电子商务基础理论

电子商务基础理论，作为电子商务概论这门核心课程的重要内容，包括电子商务的基本概念、发展历程、主要模式、市场趋势等。通过课堂讲授与案例分析相结合的方式，不仅让学生理解电子商务的内涵，如交易流程、市场结构等，而且引导学生探讨其外延，如电子商务对传统商业模式的影响、未来发展趋势等，从而激发学生对电子商务领域的探索兴趣和深入学习的动力。

2. 电子商务技术与应用

在电子商务技术基础和电子商务系统开发与维护等课程中，将深入剖析电子商务所涉及的关键技术，涵盖网络技术基础、数据库管理系统、信息安全与加密技术等。通过实验室中的模拟操作和项目实践，如搭建简单的电子商务平台、进行数据加密与解密实验等，使学生能够熟练掌握并灵活运用这些技术解决电子商务实际问题。同时，结合当前行业热点，介绍电子商务在零售、金融、物流等多个领域的应用案例和前景展望，激发学生的创新意识，鼓励他们思考如何将技术应用于创新实践。

3. 网络营销与电子支付

在网络营销实务与电子支付与结算课程中，将重点讲解网络营销的各种策略和方法，如搜索引擎优化、社交媒体营销策略、电子邮件营销技巧等，并通过模拟营销活动策划与执行，让学生亲身体验网络营销的全过程。同时，详细介绍电子支付系统的构成、工作原理、安全保障措施，包括网上银行、移动支付、第三方支付平台等，通过实验操作和真实案例分析，如模拟支付流程、分析支付安全风险等，使学生掌握网络营销和电子支付的实际操作技能，为未来从事相关工作奠定坚实的基础。

4. 物流配送与供应链管理

在电子商务物流管理与供应链与物流管理课程中，将系统介绍物流配送的基本概念、模式（自营物流、第三方物流、第四方物流等）及其优缺点。通过讲解供应链管理的方法和技巧，如采购策略、库存控制、订单处理流程等，结合实验室模拟软件和实地考察物流中心，让学生直观了解物流配送和供应链管理的实际操作流程，加深对理论知识的理解。此外，通过案例分析，如分析成功企业的供应链优化案例，引导学生思考如何在实际工作中运用所学知识，提高物流效率，提升服务质量。

**（三）实践教学环节**

1. 实验教学

通过实验课程，使学生能够亲自动手操作电子商务相关的软件和平台，如网店管理平台、网络营销工具等，这些均是在电子商务技术基础、网络营销实务等本科电子商务专业课程中的重要组成部分。通过实验，不仅可以加深学生对电子商务理论知识的理解，如电商平台架构、营销策略制订等，而且可以显著提升其在实际操作中的技能水平，确保学生能够将课堂所学转化为实际工作能力。

2. 项目实践

组织学生参与真实的电子商务项目，如开设网店、进行网络营销活动等，这些项目紧密围绕电子商务项目管理、电子商务创业与创新等本科课程的核心内容展开。通过项目实践，学生得以综合运用电子商务概论、电子商务物流管理等多门课程的知识解决实际问题，同时，在团队协作中锻炼其沟通协调与创新能力，为未来的职业生涯奠定坚实的基础。

3. 企业实习

安排学生进入电子商务企业进行实习，亲身体验从商品上架、订单处理到客户服务、数据分析等电子商务的全链条运作过程，这一环节与电子商务企业运营与管理、电子商务案例分析等本科课程紧密相连。通过实习，学生不仅能深入了解电子商务企业的实际运营模式和业务流程，而且能在真实的工作环境中培养职业素养、提高实践能力，为将来步入职场或进一步深造作好充分的准备。

**（四）教学方法与手段**

1. 课堂讲授与互动

在电子商务概论、电子商务法规等本科电子商务专业课程中，通过课堂讲授的方式系统传授电子商务的基本理论和知识体系。教师不仅讲解理论，而且注重引导学生思考，鼓励学生积极提问和参与讨论，形成活跃的师生互动氛围。这种教学方式旨在激发学生的学习兴趣，培养其批判性思维和问题解决能力，为后续深入学习奠定坚实的基础。

2. 案例分析

在电子商务案例分析、网络营销策划等课程中，精心选取国内外典型的电子商务案例。通过案例讨论，引导学生将所学理论知识应用于实际问题分析，学会从不同的角度审视问题，并提出创新性的解决方案。这不仅加深了学生对电子商务实际运作的理解，而且锻炼了他们的分析能力和决策能力。

3. 实践操作

结合电子商务运营、网页设计与制作等实践性强的课程，通过实验课程中的模拟操作、项目实践中的真实项目运作、企业实习的亲身经历，全面加强对学生实践操作能力的培养。学生将有机会亲手操作电商平台，参与网络营销活动策划与执行，了解电子商务企业的日常运营。这些实践环节不仅使学生熟练掌握了电子商务相关软件和平台的操作技能，而且极大地提高了他们解决实际问题的能力，为将来的职业发展奠定了坚实的实践基础。

**（五）考核与评价**

1. 平时成绩

根据学生的课堂表现、作业完成情况等进行评价。通过平时的成绩考核，督促学生积极参与课堂讨论和实践活动，培养其自主学习的能力。

2. 实验报告

要求学生提交实验报告，详细描述实验过程和结果。通过实验报告的撰写，学生能够系统地整理和总结所学知识，并提高书面表达能力。

3. 项目实践成果

根据学生参与的项目实践成果进行评价。通过项目实践成果的展示和评估，检验学生对所学知识的综合运用能力和团队合作精神。

4. 期末考试

通过期末考试全面检验学生对所学知识的掌握情况。期末考试应包括选择题、简答题和案例分析题等多种题型，以全面评价学生的学习成果。

# 第三节　电子商务专业课程体系构建与实践

## 一、电子商务专业本科人才培养目标

### （一）坚定政治意识与综合素养的全面提高

在当今复杂多变的社会环境中，培养具有坚定政治意识、良好道德修养、深厚人文素养、科学素养、文化素养、强健身体素质的人才，是教育的重要使命。这一目标的实现不仅关乎个体的全面发展，而且是社会稳定与进步的重要基石。政治意识是指导个人行为的重要准则，它要求个体在思想上与国家的方针和相关制度保持一致，具备敏锐的政治洞察力和判断力。通过加强思想政治教育，引导学生树立正确的世界观、人生观、价值观，使其能够在复杂的社会现象中明辨是非、坚定立场。道德修养是人格完善的基础，涵盖了诚信、尊重、责任感等多个方面。良好的道德修养能够使个体在社交场合中表现出得体的举止和礼貌，赢得他人的尊重和信任。通过加强道德教育，培养学生的自律意识和自我约束能力，使其能够在日常生活中践行道德规范，成为社会的楷模。人文素养、科学素养和文化素养共同构成了个体的知识体系与文化底蕴。

人文素养使个体具备广博的历史文化知识，能够理解和欣赏不同文化背景下的艺术作品。科学素养使个体掌握科学的方法和思维，能够理性地分析和解决问题。文化素养是个体综合素质的体现，它要求个体具备较高的审美情趣和创新能力。通过加强这三个方面的教育，可以培养学生的综合素质，使其具备全面的知识结构和文化修养。身体素质是个体健康的基础，也是实现其他目标的重要保障。通过加强体育锻炼和健康教育，提高学生的身体素质和免疫力，使其能够保持旺盛的精力和良好的心态，更好地应对学习和生活中的挑战。遵纪守法是每个公民应尽的义务，也是社会和谐稳定的基石。通过加强法治教育，引导学生树立法治观念，自觉遵守法律法规，维护社会秩序和公共利益。同时，培养学生的社会责任感，使其能够积极参与社会公益活动，为社会的进步贡献自己的力量。

**（二）电子商务运营与管理能力的强化**

电子商务运营能力要求个体具备市场分析、产品策划、营销推广等多方面的能力，通过加强电子商务运营相关课程学习和实践锻炼，使学生掌握电子商务运营的基本流程和策略，能够独立完成电子商务项目的策划和实施。同时，培养学生的团队协作精神和沟通能力，使其能够在团队中发挥自己的优势，共同推动项目的成功。电子商务管理能力则要求个体具备组织协调、决策分析和风险控制等方面的能力。通过加强电子商务管理相关课程学习和案例分析，使学生掌握电子商务管理的基本原理和方法，能够独立完成电子商务企业的日常管理和决策工作。同时，培养学生的创新意识和应变能力，使其能够在不断变化的市场环境中灵活应对，保持企业的竞争优势。此外，具备一定的电子商务应用与设计能力也是现代电子商务人才的重要素质。通过加强电子商务应用相关课程学习和实践锻炼，使学生掌握电子商务应用的基本技能和工具，能够独立完成电子商务网站的设计和开发。同时，培养学生的审美意识和用户体验意识，使其能够设计出符合用户需求和市场趋势的电子商务产品。[①]

**（三）科学思维方法与电子商务实务技能的融合**

科学的思维方法要求个体具备逻辑思维、批判性思维和创新思维等方面的能力。通过加强科学思维方法相关的课程学习和训练，使学生掌握科学思维的基本原理和方法，能够独立思考和解决问题。同时，培养学生的探索精神和求知欲，使其能够不断追求新知和创新实践。在电子商务实务中，将所学知识与实践融会贯通并灵活应用是至关重要的。通过加强电子商务实务相关的课程学习和实践锻炼，使学生掌握电子商务实务的基本流程和技能，能够独立完成电子商务项目的实施和运营。同时，培养学生的实践能力和创新意识，使其能够在实践中不断总结经验和创新方法，提高

---

① 张武钢，张建茹. 电子商务原理及应用［M］. 长春：吉林人民出版社，2023.

电子商务实务的效率和效果。此外，具备良好的现代电子商务技术理论素养也是电子商务人才的重要素质。通过加强电子商务技术理论相关的课程学习和研究，使学生掌握电子商务技术的基本原理和发展趋势，能够紧跟行业发展的步伐并不断创新。同时，培养学生的技术素养，使其能够在实际工作中运用技术手段解决复杂问题。

**（四）新知识、新技术的获取与应用能力的持续培养**

在快速发展的互联网时代，新知识、新技术的不断涌现为电子商务行业带来了前所未有的机遇和挑战，培养具备新知识、新技术的获取和应用能力的人才，是电子商务教育的重要方向。自主学习、持续学习和创新创业能力是获取与应用新知识、新技术的重要途径。通过加强自主学习和持续学习相关的课程指导和训练，使学生掌握自主学习的方法和技巧，能够主动获取新知识、新技术并应用于实践中。同时，培养学生的创新创业意识和能力，使其能够在实践中不断探索和创新，实现个人价值和社会价值的双重提升。此外，应对与把握未来互联网发展带来的挑战和机遇也是电子商务人才的重要素质。通过加强互联网发展趋势和前沿技术相关课程的学习和研究，使学生了解互联网发展的最新动态和趋势，能够紧跟行业发展的步伐并不断创新。同时，培养学生的战略眼光和全局意识，使其能够在复杂多变的市场环境中准确把握机遇并应对挑战。[①]

## 二、电子商务专业本科人才培养方案

本培养方案以笔者所在学校为例，仅代表笔者所在学校的电子商务专业人才培养方案。

**（一）培养目标**

本专业致力于培育契合新时代需求，实现德智体美劳全面均衡发展的高素质人才。我们着重塑造学生良好的思想品格与道德修养，激发其强烈

---

① 叶小蒙，陈瑜，陈晓龙. 电子商务人才培养与教学体系建设研究［M］. 北京：中国商业出版社，2021.

的社会责任感，并深化其人文素养的积淀。在学术层面，本专业系统传授电子商务的基础理论知识，同时，强化信息技术及电子服务的综合技能训练，确保学生能够熟练掌握并灵活运用。注重培养学生的现代管理理念与信息经济思维，鼓励学生积极拥抱互联网时代的变革，提高其创新创业的素质与能力。在此基础上，学生将具备在商贸流通、商务服务等广泛领域内从事电子商务运营、管理及相关技术服务工作的能力。本专业还着重培养学生的市场敏锐度与商业洞察力，激发其创造活力，并锤炼出脚踏实地的实干作风。期望学生不仅能够成为电子商务领域的专业人才，而且能够成长为具备全面素质的应用型人才。他们应准确把握市场动态，运用所学知识与技能，解决实际问题，推动电子商务行业的创新发展。

**（二）毕业要求**

参考《本科专业类教学质量国家标准》，本专业学生毕业时，应达到下列要求：

1. 知识要求

（1）通识教育知识

具备丰富的人文科学和自然科学知识，了解相关领域的经典理论和发展现状。

（2）学科基础知识

掌握管理学、经济学、会计学、市场营销学、统计学等经济管理类知识，熟悉相关理论、方法及工具，构建扎实的基础知识背景。

（3）专业知识

专业要求学生深入掌握电子商务类专业的核心理论与知识体系，不仅限于基础概念与原理，更需洞悉本学科的理论前沿及动态发展趋势。学生应具备在电子商务相关领域内，如运营、管理、技术服务等方面，扎实的理论知识储备。同时，应对经济领域的法律法规有全面而深入的理解，熟悉并掌握国内外电商政策及相关法律法规，以确保在实践中能够合规操作。此外，本专业还强调学生应掌握电子商务经济管理领域的专业理论知识，并结合电子商务工程技术领域的应用开发技术，形成一套完备且实用的专业知识体系。学生应持续关注电子商务理论的前沿知识、应用前景及学科的最新发展动态，同时，还应对"互联网+"模式下的产业发展状况有深入的了解，以便更好地适应并推动电子商务行业的持续发展。

2. 能力要求

（1）电商应用能力

本专业着重培养学生的知识融合与实践应用能力，使学生能够将所学理论知识与电子商务实务紧密结合，展现出灵活应变与综合解决问题的能力。学生应具备创造性思维，能够运用创新方法开展电商实践活动，展现出独特的实践应用能力。在运营管理方面，学生应掌握电子商务平台运营、搜索引擎营销、广告投放、供应链管理、客户关系管理等核心技能，以确保电商业务的顺畅运行。同时，学生还应具备营销策划能力，能够熟练运用市场调查与分析、项目定位、客户画像、网络推广等手段，为电商业务制订有效的营销策略。此外，本专业还强调学生的数据分析能力，要求学生掌握常用的商务数据分析工具与方法，以便对电商业务进行精准分析与决策。学生还应具备初步的电子商务设计开发能力，能够熟练运用相关技术和软件，独立完成移动端小程序的开发与设计工作。[①]

（2）现代工具应用能力

掌握计算机相关技术，熟悉各类常用软件的运用，能够利用商务智能等数智技术处理相关电子商务业务。具备良好的计算机操作与互联网应用能力。具备运用计算机、网络技术、数据库应用的能力。能熟练使用数码相机进行商品拍摄，并具备图片处理、网页设计等工具软件的运用与操作能力。能够熟练运用商务智能等数智技术处理相关电子商务业务的能力。

（3）问题分析能力

本专业致力于培养学生具备深入分析和有效解决电子商务领域复杂问题的能力，使学生熟练掌握相关的电商研究方法，能够对电子商务项目中遇到的各种问题与现象进行深入研究。通过对电子商务项目及实际案例的细致分析，学生能够敏锐地发现问题，清晰地阐述问题本质，并设计出切

---

① 李云松，方立宇. 新商科背景下应用型本科院校《电子商务》课程教学改革和实践［J］. 老字号品牌营销，2024（12）：200–202.

实可行的解决方案。此外，本专业还着重培养学生的学术研究能力，使学生掌握文献检索、资料查询的基本方法，熟悉文献检索方法，能够迅速了解互联网背景下的学术发展前沿和趋势。在此基础上，学生应具备撰写科学论文的能力，能够对自己的研究成果进行规范、准确的表述。

（4）沟通表达能力

本专业着重培养学生的综合能力，其中包括强大的语言文字表达能力、人际沟通技巧、信息获取以及分析能力。学生应具备运用精确、流畅的语言文字进行书面和口头表达的能力，以便与客户进行高效、准确的交流与沟通。同时，学生还应掌握有效的信息获取方法，能够迅速筛选出有价值的信息，并进行深入分析。此外，本专业对学生的外语能力也提出了较高要求。学生须具备良好的外语听、说、读、写、译能力，能够熟练运用一门外语获取相关信息，并准确、清晰地表述相关问题。这种外语能力不仅有助于学生拓宽国际视野，而且能为他们在全球化的电子商务环境中提供竞争优势。

（5）终身学习与创新创业能力

学生应具有自主学习和终身学习的意识，有不断学习和适应发展创新的能力。具有终身学习意识和自我管理、自主学习能力，能够通过不断学习适应社会和个人的可持续发展。具备利用创造性思维方法开展科学研究的能力，初步具备基于多学科知识融合的创新和创业能力。

3. 素质要求

学生应具有良好的现代电子商务技术所需要的理论素养、思维方法、科学研究方法和一定的创新精神、创业意识、数字素养，能够将所学知识与实践融会贯通并灵活应用于电子商务实务中，具有综合运用所学知识分析和解决问题的专业素养。具有良好的人际沟通和团队协作素养，较强的服务意识和社会责任感，能够在电子商务管理与应用实践中理解并遵守职业道德和规范，履行责任。了解体育运动和心理健康的基本知识，掌握锻炼身体和心理保健的基本技能，具有较强的社会适应能力以及情感协调能力。表4-1为毕业要求对培养目标的支撑矩阵。

**表4-1 毕业要求对培养目标的支撑矩阵**

| 毕业要求 | 培养目标1 | 培养目标2 | 培养目标3 | 培养目标4 |
|---|---|---|---|---|
| 毕业要求1（通识教育知识） | ● | | | |
| 毕业要求2（学科基础知识） | ● | ● | | |
| 毕业要求3（专业知识） | | ● | ● | ● |
| 毕业要求4（电商应用能力） | | ● | ● | ● |
| 毕业要求5（现代工具应用能力） | | ● | | |
| 毕业要求6（问题分析能力） | | ● | ● | |
| 毕业要求7（沟通表达能力） | ● | | ● | |
| 毕业要求8（终身学习与创新创业能力） | | | | ● |
| 毕业要求9（思想道德素质） | ● | | | |
| 毕业要求10（专业素质） | | ● | ● | |
| 毕业要求11（职业规范） | ● | | ● | |
| 毕业要求12（身心素质） | ● | | ● | |

标注"●"表示毕业要求与培养目标之间的支撑关系。

**（三）学制与学位**

本专业标准学制为4年，实行弹性修业年限4—6年，最低毕业学分为170学分。学生在规定学制内，修完人才培养方案规定的课程，成绩合格，德育考核合格，《国家学生体质健康标准》测试成绩合格，并完成新商科第二课堂综合素质训练学分要求的，准予毕业。符合学校学士学位授予条件的毕业生，授予管理学学士学位。

**（四）课程体系**

1. 课程体系总体框架

本专业课程体系包括通识课程、专业课程和实践课程。通识课程包括通识必修课程和通识选修课程。专业课程包括专业基础课程、专业主干课程和专业选修课程。实践课程包括实验、实习、社会实践和毕业论文（设计）。本专业课程体系包括通识课程、专业课程和实践课程。通识课程包括通识必修课程和通识选修课程。本专业培养方案共计170学分，2630学时。

2．课程设置

（1）理论教学课程

理论教学课程含通识必修课程共28门课62学分，通识选修课8学分；专业基础课程8门课25学分；专业主干课6门18学分；专业选修课15学分起。

（2）实践教学课程

实践教学课程含7个实验项目13学分；专业实习3个实习项目13学分；社会实践类项目包括5个项目8学分；毕业论文（设计）8学分。

3．主干学科、主干课程

（1）主干学科：电子商务。

（2）专业主干课程：电子商务数据库技术、网络营销策划、供应链与物流管理、商务智能、电子商务安全与支付、数据运营与可视化。[①]

4．课程结构与学分及学时分配

表4-2　课程结构与学分及学时分配

| 知识平台 | 课程类别 | 学分 | 学时 | 理论教学学时 | 实践教学学时 | 占总学分比例 | 各学期学分统计 | | | | | | | |
|---|---|---|---|---|---|---|---|---|---|---|---|---|---|---|
| | | | | | | | 一 | 二 | 三 | 四 | 五 | 六 | 七 | 八 |
| 通识课程 | 通识必修课程 | 62 | 1086 | 898 | 188 | 41.18 | 16.5 | 16 | 13 | 11 | 3 | 2.5 | | |
| | 通识选修课程 | 8 | 128 | 128 | 0 | | √ | √ | √ | √ | √ | | | |
| 专业课程 | 专业基础课程 | 25 | 400 | 312 | 88 | 34.12 | 6 | 3 | 6 | 7 | 3 | | | |
| | 专业主干课程 | 18 | 288 | 216 | 72 | | | | | 6 | 6 | 6 | | |
| | 专业选修课程 | 15 | 240 | 204 | 36 | | | | | 2 | 6 | 5 | 2 | |
| 小计 | | 128 | 2142 | 1758 | 384 | 75.30 | | | | | | | | |

① 钟诚，吴明华．电子商务安全第3版［M］．重庆：重庆大学出版社，2023.

| | | | | | | | | | | | |
|---|---|---|---|---|---|---|---|---|---|---|---|
| 实践课程 | 42 | 488 | 实践教学环节<br>学分：47 | 27.65 | 2 | 4 | 3 | 2 | 3 | 2 | 12 | 14 |
| 最低毕业<br>学分/学时 | 170 | 2630 | 集中性实践环节周<br>数：29 | 24.5 | 23 | 24 | 30 | 23 | 17.5 | 14 | 14 |

## （五）教学计划

### 表4-3　电子商务专业实践教学计划表

| 实践类型 | 课程名称 | 课程性质 | 考核方式 | 学分 | 学时 | 各学期周学时分配 | | | | | | | | 课程归属 | 备注 |
|---|---|---|---|---|---|---|---|---|---|---|---|---|---|---|---|
| | | | | | | 第一学年 | | 第二学年 | | 第三学年 | | 第四学年 | | | |
| | | | | | | 1 | 2 | 3 | 4 | 5 | 6 | 7 | 8 | | |
| 实验 | office高级应用 | 必 | 查 | 2 | 32 | | 4 | | | | | | | 计算机与信息工程学院 | 第9—16周 |
| | 电子商务基础实验 | 必 | 查 | 1 | 26 | | 26 | | | | | | | | 第8周 |
| | 视觉设计综合实验 | 必 | 查 | 2 | 52 | | | 26 | | | | | | | 第17—18周 |
| | 企业资源计划实验 | 必 | 查 | 2 | 52 | | | | 26 | | | | | 管理学院 | 第11—12周 |
| | 全网运营实验（1） | 必 | 查 | 2 | 52 | | | | | 26 | | | | 计算机与信息工程学院 | 第13—14周 |
| | 全网运营实验（2） | 必 | 查 | 2 | 52 | | | | | | 26 | | | | 第11—12周 |
| | 移动电商开发实验 | 必 | 查 | 2 | 52 | | | | | | | 26 | | | 第1—2周 |
| 实习 | 电子商务认知实习 | 必 | 查 | 1 | 26 | | 26 | | | | | | | | 第7周 |
| | 电子商务专业实习 | 必 | 查 | 6 | – | | | | | | | √ | | | 第7—18周 |
| | 毕业实习 | 必 | 查 | 6 | – | | | | | | | | | | 第1—6周 |

续表

| 实践类型 | 课程名称 | 课程性质 | 考核方式 | 学分 | 学时 | 各学期周学时分配 | | | | | | | | 课程归属 | 备注 |
|---|---|---|---|---|---|---|---|---|---|---|---|---|---|---|---|
| | | | | | | 第一学年 | | 第二学年 | | 第三学年 | | 第四学年 | | | |
| | | | | | | 1 | 2 | 3 | 4 | 5 | 6 | 7 | 8 | | |
| 社会实践 | 军事训练 | 必 | 查 | 2 | 112 | √ | | | | | | | | 学生处（武装部） | 不少于14天 |
| | 调查报告 | 必 | 查 | 1 | 16 | | √ | | | | | | | 计算机与信息工程学院 | 一年级暑期安排，第3学期录入成绩 |
| | 学年论文 | 必 | 查 | 1 | 16 | | | | √ | | | | | | 二年级暑期安排，第5学期录入成绩 |
| | 创新创业实践（课外科技活动） | 必 | 查 | 3 | – | | √ | √ | √ | √ | √ | | | | 执行学院认定标准，并在第7学期统一录入成绩 |
| | 劳动教育（理论与实践） | 必 | 查 | 1 | 8 | | √ | | | | | | | | 原则上安排在周末或假期进行，第7学期录入成绩 |
| | | 必 | 查 | | 8 | | | | √ | | | | | | |
| | | 必 | 查 | | 8 | | | | | | √ | | | | |
| | | 必 | 查 | | 8 | | | | | | | | | | |
| 毕业论文（设计） | 毕业论文（设计） | 必 | 查 | 8 | – | | | | | | | | √ | | |
| 合计 | | | | 42 | 488 | – | – | – | – | – | – | – | | | |

## 第四节　电子商务课程体系建设中的跨学科整合

### 一、电子商务课程体系跨学科整合的必要性

电子商务，作为一个融合了技术与商业的复合领域，其深度和广度远超单一学科的范畴，它是一个需要综合运用多种学科知识的复杂系统。传统的电子商务课程往往将焦点集中在某一特定的学科领域，如计算机技术的深入探究或市场营销策略的精细打磨。然而，这种单一化的教学模式在现今多元化、复杂化的商业环境中显得捉襟见肘，难以全面培养学生的综合素质和解决实际问题的能力。跨学科整合作为一种全新的教学理念和方法，旨在打破学科壁垒，将不同领域的知识有机融合，以更全面地揭示电子商务的内在逻辑和运行机制。通过跨学科的学习，学生可以更深入地理解电子商务在技术创新、市场营销、法律法规、物流配送等多个方面的综合应用，从而培养其全面、系统地分析和解决实际问题的能力。这种整合性的学习方式不仅有助于学生构建完整的知识体系，而且能够为其未来在复杂多变的电子商务领域中脱颖而出奠定坚实的基础。因此，跨学科整合不仅是电子商务课程改革的必然趋势，而且是培养新时代电子商务人才的关键路径。

### 二、跨学科整合的具体内容

#### （一）计算机科学与技术的融合

电子商务的技术基础融合与信息安全防护是当代教育体系中不可忽视的重要方面。谈及技术基础融合，电子商务课程早已超越了传统的商业交易模式教学，而是将计算机基础、网络技术和数据库管理等核心内容深度融入其中。这一整合不仅是为了让学生更好地理解电子商务平台的底层构建逻辑，而且是为了培养他们的实际操作能力和创新能力。在这一过程

中，学生将深入了解电子商务系统的架构，从硬件基础设施到软件应用层面，全面把握电子商务运作的技术支撑。同时，他们还将掌握如网站开发、数据维护等关键技能，这些技能在未来的职业生涯中将具有极高的实用价值。随着网络技术的飞速发展，网络交易已成为人们日常生活的一部分，然而这也带来了信息安全方面的严峻挑战。电子商务课程通过与计算机科学中的网络安全课程紧密结合，旨在培养学生对信息安全问题的深刻认识和应对能力。学生将学习如何确保交易数据的完整性、机密性和可用性，以及如何有效防止信息泄露和抵御黑客攻击。这不仅涉及技术层面的防御手段，而且包括制订合理的信息安全相关制度和流程，以确保整个电子商务生态系统的稳健运行。通过这种跨学科的学习，学生能够更全面地了解电子商务领域的复杂性和多样性，从而更好地适应未来职场的挑战。

### （二）市场营销与消费者行为的引入

通过深度整合市场营销学的精髓，电子商务课程能够全面涵盖市场分析的理论与实践，深入探讨消费者行为的内在规律，从而助力学生深刻领悟在激烈竞争的市场环境下如何精准地定位电子商务产品，并有效地进行推广。这不仅要求学生掌握市场分析的基本方法和技能，而且需要他们学会如何运用这些方法和技能去洞察市场动态，把握消费者需求，为电子商务产品的定位和推广提供科学依据。在此基础上，营销策略的制订与实施成为电子商务课程中的另一关键环节。借助市场营销学的丰富策略制订方法，电子商务课程致力于指导学生如何精心构思并落实高效的网络营销策略。其中包括灵活多变的价格策略，旨在通过巧妙的定价来提升产品的市场竞争力；同时，也涵盖各种促销策略的运用，如优惠券、折扣活动、限时秒杀等，以激发消费者的购买欲望，推动销售目标的实现。学生在这一过程中不仅学习到具体的营销策略，更重要的是培养了策略制订与执行的实战能力，这将为他们未来在电子商务领域的职业生涯奠定坚实的基础。通过这两个方面的学习，学生将更全面地掌握电子商务运营的核心技能，为未来的职业发展作好充分的准备。

### （三）物流与供应链管理的结合

管理学中的项目管理知识体系为学生提供了在电子商务环境中有效规

划、执行和监控项目的关键技能。这些技能不仅关乎项目的顺利进行，而且直接影响到电子商务项目的成功与否。通过系统学习项目管理的理论和方法，学生能够更加清晰地理解项目目标，制订出切实可行的项目计划，合理分配资源，并确保项目按照既定的时间表和质量标准进行。在项目执行过程中，学生还能运用所学知识，对项目进度进行实时监控，及时调整策略以应对可能出现的风险和问题，从而保障项目的顺利推进。通过深入整合管理学的相关知识，电子商务课程全面覆盖了供应链管理和物流管理的核心内容。学生将深入了解如何优化供应链的各个环节，从而提高整体运作效率。这不仅包括采购、生产、销售等核心环节，而且涉及库存管理、订单处理、配送等关键流程。在物流管理方面，学生将学习如何通过合理的仓储布局、高效的配送路线规划、先进的物流信息系统，实现物流成本的降低和服务质量的提升。这些知识和技能的学习，将使学生在未来的电子商务职业生涯中具备更强的竞争力和适应能力，从而为企业创造更大的价值。通过这两个方面的学习，学生不仅能够掌握电子商务运营的核心技能，而且能够在激烈的市场竞争中脱颖而出，成为行业中的佼佼者。

**（四）与经济学的整合**

市场结构与竞争分析是电子商务领域中的关键环节，借助经济学的深厚理论基础，学生能够更加深入地理解电子商务市场的内在结构和竞争格局。通过探讨不同市场类型，如完全竞争市场、垄断市场、寡头市场和竞争性垄断市场等，学生可以明确电子商务市场所属的类型及其特点。此外，对市场失灵现象的研究也至关重要，因为这有助于学生认识到在电子商务环境中可能出现的资源配置效率问题，如信息不对称、外部性等，并探讨如何通过相关制度或市场机制来解决这些问题。经济相关制度与电子商务发展的关系也是一个不可忽视的研究领域。经济学为学生提供了一个分析框架，通过这个框架，学生可以深入探究行政部门相关制度如何影响电子商务行业的发展。货币制度和财政制度作为宏观经济相关制度的重要组成部分，其调整和实施对电子商务市场的资金流动、消费需求、投资环境等方面都有着深远的影响。例如，宽松的货币制度可能会降低利率，从而刺激消费者和企业进行更多的在线交易和投资；积极的财政制度，如减税或增加行政部门支出，也可能通过促进经济增长间接推动电子商务的繁荣。通过经济学的学习，学生能够更加全面地理解这些制度效应，为未来的职业发展和相关制度的制订提供科学的决策依据。

## 三、电子商务课程体系跨学科整合措施

### （一）明确跨学科整合的目标与定位

明确整合的学科范围、知识点和技能要求是跨学科整合的首要任务。这一步骤涉及对多个学科的深入剖析和精准把握。在确定学科范围时，需要综合考虑各学科的内在联系与互补性，确保所选学科能够在整合中形成一个有机整体，共同服务于特定的教学目标。同时，对知识点的选择也应遵循科学性和系统性的原则，既要保证知识点的深度和广度，又要避免内容的冗余和重复。在技能要求方面，应着重培养学生跨学科的综合能力和创新思维，使他们能够在复杂多变的问题情境中灵活运用所学知识，提出创新性的解决方案。在这一过程中，还需特别注意学科之间的逻辑关系和层次结构，以确保整合后的课程体系既具有整体性，又能体现出各学科的独特价值。此外，对知识点和技能要求的明确，还有助于教师在后续的教学中做到有的放矢，增强教学的针对性和实效性。

### （二）构建综合性的课程体系

1. 核心课程与选修课程的结合

在构建电子商务课程体系时，必须精心设置一系列核心课程，这些课程应深入剖析电子商务的基本理论框架，详尽介绍相关技术原理，并全面探讨其在实际商业环境中的应用。核心课程的设立旨在为学生奠定坚实的电子商务知识基础，使他们能够深刻理解电子商务的本质、特点及其在现代商业活动中的关键作用。同时，核心课程的教学应注重理论与实践相结合，鼓励学生通过案例分析、项目实践等方式，将所学知识转化为解决实际问题的能力。此外，为满足不同学科背景学生的独特兴趣和专业发展需求，电子商务课程体系还应提供多样化的选修课程。这些选修课程可以涵盖计算机编程、市场营销策略、物流与供应链管理等不同领域，旨在拓宽

学生的知识视野，提高其跨学科的综合能力。通过选修课程的学习，学生不仅能够根据自身的兴趣和职业规划进行个性化的学习选择，而且能够在深入探究某一专业领域的同时，培养创新思维和解决问题的能力。这种灵活多样的课程设计不仅有助于提升电子商务教育的整体质量，而且能为社会培养出更多具备全面素养和专业技能的电子商务人才。

2. 实践课程与理论课程的融合

在电子商务课程体系构建中，实践课程与理论课程的深度融合不仅有助于学生深化对理论知识的理解，而且能培养其在实际操作中解决问题的能力。通过设置实验、实训、项目设计等实践性环节，为学生提供了一个将理论知识转化为实践技能的平台。在这些实践性环节中，学生需要亲自动手操作，面对真实或模拟的商务环境，运用所学的电子商务理论知识分析和解决实际问题。实践课程的设置不仅锻炼了学生的动手能力，而且在无形中培养了他们的创新思维和问题解决能力。每当遇到实际操作中的难题，学生都需要独立思考、团队协作，寻找最佳解决方案。这一过程不仅提高了学生的专业知识应用能力，而且极大地促进了学生之间的团队合作与沟通交流。在团队合作中，每名学生都能发挥自己的专长，通过有效的沟通协作，共同完成任务，这无疑会提高学生的综合素质，为他们未来在职场上的发展奠定坚实的基础。因此，实践课程与理论课程的融合，不仅是电子商务教育的必然趋势，而且是培养高素质电子商务人才的必经之路。

（三）创新教学方法

1. 案例教学法的应用

通过精选真实的电子商务案例，为学生提供一个个生动、具体的实践场景。在这些案例中，学生需要综合运用多学科知识，包括电子商务理论、市场营销策略、计算机技术等，深入剖析案例中的关键问题，提出切实可行的解决方案。这种教学方法不仅能够有效激发学生的学习兴趣，使他们更加积极地投入学习，而且能够在分析与讨论的过程中，锻炼学生的批判性思维能力。学生不再是被动地接受知识，而是需要主动地思考问题，对案例进行深入剖析，这对自身批判性思维的培养至关重要。同时，案例教学法还能在解决问题的过程中激发学生的创新思维。面对复杂的电子商务问题，学生需要跳出传统的思维模式，寻找新的解决方案。这种探索和创新的过程不仅能够提高学生的创新能力，而且能够培养其解决实际问题的能力。因此，通过引入真实的电子商务案例，不仅能够帮助学生更好地理解和掌握多学科知识，而且能够在分析与解决问题的过程中全面提升其批判性思维、创新能力和实践技能，为其未来的学术研究和职业发展奠定坚实的基础。

2. 项目式学习的推广

通过设置与真实商业环境紧密相连的项目任务，能够使学生更深入地理解电子商务的实际运作，并培养其跨学科的综合应用能力。在这样的学习过程中，学生不再是单纯的知识接受者，而是成为项目实施的主体，他们需要在实际操作中不断探索、学习和运用多学科知识。这种教学方法鼓励学生积极参与，让他们在项目实施过程中主动发现问题、分析问题并寻求解决方案。学生需要综合运用电子商务理论、市场营销、信息技术等多学科知识，这不仅锻炼了他们的实际操作能力，而且提高了其解决问题的能力和创新思维。通过与真实商业环境相关的项目任务，学生还能更好地了解市场动态，把握行业发展趋势，为其未来的职业生涯作好准备。

3. 在线学习与混合式教学的结合

在线教育平台、虚拟实验室等高科技教学工具的引入，极大地丰富了学生的学习资源，为他们提供了一个更加广阔且多样的实践环境。这些技术手段不仅打破了时间和空间的限制，让学生能够随时随地学习，而且通过高度仿真的虚拟实验环境，使学生能够在无风险的情况下进行实践操作，从而加深对理论知识的理解和应用。与此同时，传统的课堂教学仍然具有不可替代的价值。面对面的交流、实时的互动、教师的即时反馈，都有助于学生更好地理解和掌握复杂的概念。因此，将现代信息技术手段与传统的课堂教学相结合，形成一种线上线下相结合的混合式教学模式显得尤为重要。这种混合式教学模式不仅融合了在线学习的灵活性和传统课堂的互动性，而且满足了不同学生的学习需求。无论是喜欢自主学习、探究式学习的学生，还是更倾向于在教师引导下进行学习的学生，都能在这种模式中找到适合自己的学习方式。通过这种方式，可以更有效地提升教学质量，促进学生的全面发展，培养出更多适应未来社会需求的电子商务人才。

# 第五章　电子商务实践教学体系建设

## 第一节　电子商务实践教学体系建设路径与模式

### 一、构建以"五融三导"为指引的实践教学理念

在电子商务实践教学中，标准融合强调的是行业标准与教育标准的有机结合。电子商务行业日新月异，行业标准不断更新，这就要求教学内容必须紧跟行业发展的步伐。将最新的行业标准引入教学实践，可以确保学生所学知识与行业实际需求紧密相连，从而提高教育的针对性和实用性。内容融合是指在电子商务课程设计中，要打破传统学科界限，实现多学科知识的有机融合。电子商务本身就是一个跨学科领域，涉及市场营销、信息技术、物流管理等多个方面。在实践教学中，教师应注重不同学科知识的交叉融合，帮助学生建立起全面的知识体系，提高学生的综合应用能力。过程融合强调的是理论与实践的紧密结合。在电子商务实践教学中，应注重将理论知识贯穿于实践操作的全过程，让学生在实践中深化对理论知识的理解，在实践中不断发现问题、解决问题，从而提高实际操作能力。角色融合是指在实践教学中，教师应转变传统的教学角色，成为学生学习的引导者、合作者和促进者。这一转变有助于形成更加平等、开放的师生关系，激发学生的学习兴趣和主动性，促进学生自主学习和合作学习能力的提高。教学做融合是"五融"理念中的重要一环，它强调的是教学与实践的无缝对接。在电子商务实践教学中，教师应将教学任务与实际工作场景相结合，让学生在完成任务的过程中，既掌握知识技能，又培养解决实际问题的能力。这种融合模式有助于缩短学生从学校到职场的适应

期，提升就业竞争力。图5-1为"五融三导"教学理念示意图。

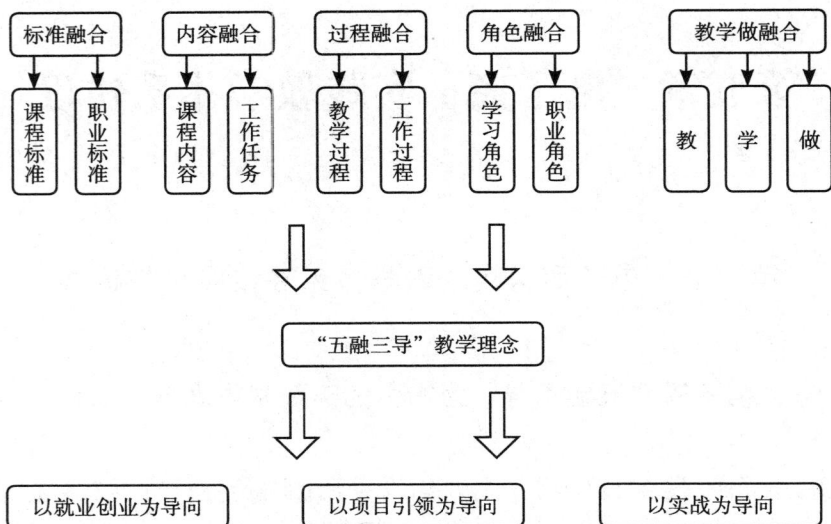

图5-1 "五融三导"教学理念示意图

## 二、构建电子商务实训体系

### （一）明确实训目标

实训目标应紧密围绕电子商务行业的实际需求，旨在培养学生的实际操作能力、团队协作能力和创新思维能力。培养学生熟练掌握电子商务平台的操作技能，包括商品上架、订单处理、客户服务等核心业务流程。提高学生的市场营销能力，使其能够根据市场需求进行有效推广和销售策略的制订。提高学生的数据分析能力，使其能够运用数据分析工具对电子商务运营数据进行分析，为决策提供有力支持。锻炼学生的团队协作能力，以适应电子商务行业中多变的工作环境和项目需求。明确实训目标有助于指导后续的实训内容设计和实训方法选择，确保实训活动的针对性和有效性。

### （二）设计实训内容

在设计实训内容时，应结合电子商务行业的实际需求和学生的认知规律，注重理论与实践相结合以及知识与技能的融合。实训内容可包括以下几个方面：模拟真实的电子商务平台环境，让学生进行商品发布、交易管理、客户服务等操作，以熟悉电子商务平台的各项功能和使用方法。通过案例分析、营销策划等实践活动，培养学生的市场营销能力，使其能够制订有效的推广和销售策略，提升产品的知名度和销售额。引导学生学习使用数据分析工具，对电子商务运营数据进行分析和挖掘，从而发现问题、提出改进方案，为企业的决策提供数据支持。通过分组合作、项目管理等方式，培养学生的团队协作精神和项目管理能力，以适应电子商务行业中多变的工作环境和项目需求。

### （三）选择实训方法

在选择实训方法时，应注重方法的多样性和灵活性，以适应不同学生的学习风格和兴趣特点。以实际项目为载体，让学生在完成项目的过程中掌握相关知识和技能，提高其实际操作能力和团队协作能力。通过模拟真实的电子商务环境，让学生扮演不同的角色（卖家、买家、客服等），以体验不同角色的工作内容和职责，加深其对电子商务行业的理解。通过组织电子商务相关的竞赛活动，激发学生的学习兴趣和积极性，培养其创新思维能力和竞争意识。

## 三、构建四层实践台阶

### （一）基础实践台阶：操作技能培养

在电子商务专业实践教学中，基础实践阶段的教学核心在于培养学生对电子商务基本操作技能的掌握与运用。为实现这一目标，采用了模拟电子商务交易流程和电子商务平台操作等基础实验手段，旨在通过实践操作使学生深刻理解电子商务运营的本质。在这一系列模拟操作中，学生不仅能够熟悉电子商务平台的各项功能，而且能够对电子商务运营形成一个初步且全面的认识。这种通过实践来掌握知识的方法有助于学生更加直观地理解电子商务的运营模式和操作流程。在基础实践台阶的教学中，特别强调操作的规范性和准确性。规范性是指学生在进行电子商务操作时，必须遵循行业的标准流程和规范，以确保操作的正确无误。准确性要求学生在模拟实验中精准地完成每一个步骤，从而在实际操作中减少误差，提高工作效率。通过这样严谨的教学要求，期望学生能够熟练掌握各项基本操作技能，为后续的专业实践和综合创新奠定坚实的基础。这一教学理念的贯彻将有助于学生在未来的电子商务领域中更加游刃有余，成为行业的佼佼者。

**（二）专业实践台阶：专业技能提升**

在基础实践的基础上，专业实践台阶作为电子商务专业教学的重要组成部分，其目标是进一步锤炼和提升学生的专业技能。这一阶段的教学内容紧密围绕电子商务营销和数据分析等核心专业课程，通过设计富有挑战性的实践教学活动，使学生能够在真实或模拟的商业环境中深化理论知识，并转化为实际操作能力。通过引入案例分析的教学方法，让学生接触到真实的电子商务案例，从而深入理解电子商务的运营策略、市场定位、消费者行为等关键要素。此外，项目实战的方式也被广泛应用，它鼓励学生以团队合作的形式解决实际问题，如制订市场推广计划、优化销售策略等，这不仅锻炼了学生的团队协作能力，而且提高了他们根据市场需求进行有效推广和销售策略制订的能力。同时，在这一阶段，特别强调数据分析能力的培养。数据分析已成为电子商务领域不可或缺的技能，引导学生掌握主流的数据分析工具，通过对电子商务运营过程中产生的大量数据进行分析和挖掘，使学生能够洞察数据背后的商业逻辑，发现问题，并提出基于数据的改进方案。这样的教学过程不仅提高了学生的数据分析能力，而且为他们未来在职业生涯中为企业提供科学决策支持奠定了坚实的基础。总体而言，这一阶段的教学旨在促进学生将课堂上学到的理论知识与实际应用无缝对接，全方位提高其专业素养和综合能力，为培养高素质的电子商务专业人才奠定基础。

**（三）综合创新台阶：创新思维培养**

综合创新台阶被视为培养学生创新思维和解决问题能力的关键环节。在这一重要阶段，学生被要求将之前在基础实践和专业实践台阶中所学的知识和技能进行有机融合与综合应用。教师在此环节起着重要的引导作用，他们可以通过精心设计具有挑战性的实战任务或创新项目，为学生提供一个广阔的实践平台。在这些实际项目的推进过程中，学生将直面各种真实且复杂的问题，需要在教师的指导下，独立地分析问题、定位问题的根源，并创造性地提出解决方案。这一过程不仅要求学生熟练运用所学的电子商务专业知识和技能，而且鼓励他们在解决问题的过程中发挥创新思维，勇于探索传统方法之外的新路径和解决方案。通过这样的实践锻炼，学生不仅能够巩固和深化对专业知识的理解，而且能够在实际操作中锤炼出灵活应对挑战的能力。综合创新台阶的实践经历，将使学生的实践能力和创新思维得到质的飞跃，为他们未来在电子商务领域的职业发展和创新活动奠定坚实的基础。

**（四）创业实践台阶：实战能力培养**

创业实践台阶位于电子商务专业实践教学体系的顶端，为学生提供了一个真实且富有挑战性的环境，以培育其创业意识和实战能力。在这一阶段，学生将有机会亲身参与电子商务创业项目，这不仅是一次知识的应用，而且是一次对创业全流程的深入体验。教师可以通过精心组织的实践活动，引导学生深入进行市场调研，了解行业动态和消费者需求。在此基础上，学生将学习如何撰写商业计划书，这不仅是对其商业构思的梳理，而且是对其逻辑思维和文字表达能力的锻炼。团队组建环节着重培养学生的团队协作和领导能力，让他们学会如何在团队中发挥各自的优势，共同推进项目进度。产品推广阶段要求学生运用所学的市场营销知识，设计有效的推广策略，使产品能够在竞争激烈的市场中脱颖而出。通过这一系列实战操作，学生不仅能够全面了解电子商务市场的运作机制，而且能够在实践中逐步培养敢于创新、勇于实践的创业精神。这种精神与实战能力的结合将使学生在未来的职业生涯中更具竞争力，为电子商务行业的持续创新和发展注入新的活力。图5-2为四层实践台阶示意图。

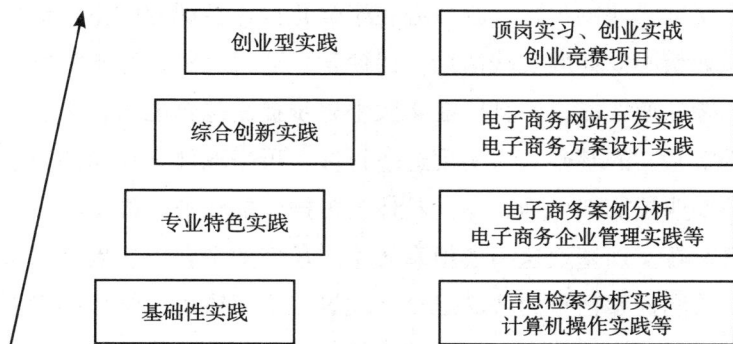

**图5-2　四层实践台阶示意图**

## 四、构建模块化实践教学模式

### （一）基础实践模块

在基础实践模块中，所涵盖的实践内容主要聚焦于基础专业技能的培育与提升，这一环节的实施场所大多设定在校内的实训基地，为学生提供了一个理论与实践相结合的重要平台。基础专业技能的实践课程，依据其性质与目的，可被细分为两大类别：示范类实践课程与操作类实践课程。这两者在教学方法、学生参与度、学习目标上均有所区别。

示范类实践课程作为理论课程的重要补充，其核心在于通过教师的标准操作演示，使学生直观、生动地理解专业技能的具体应用与实践要点。在此类课程中，学生以观察者的身份，仔细观摩教师的每一个操作步骤，聆听教师对操作原理、注意事项的详细讲解。这种教学方式旨在通过教师的示范，帮助学生构建起对专业技能的初步认知框架，为后续的实践操作奠定坚实的理论基础。相比之下，操作类实践课程更加注重学生的主体性与实践性。在这类课程中，学生成为实践操作的主体，教师则转变为指导者与辅助者。学生需要在教师的引导下反复进行实践操作，通过不断地尝试、修正与再尝试，逐步熟悉并掌握操作的流程、技巧与关键要点。这种以实践为主导的教学方式不仅能够有效提高学生的动手能力，而且能够帮助学生在实践中深化对理论知识的理解，实现理论知识与实践技能的深度融合。

### （二）提高实践模块

提高实践模块的设计，其核心在于强化操作性课程的主导地位，旨在通过一系列精心设计的实践活动，促使学生通过反复训练与深度参与，不仅熟练掌握专业技能，而且能在实践中逐步提高综合能力，为初步形成职业素养奠定坚实的基础。为实现这一目标，可采取任务导向的教学策略，将复杂的专业技能细化为一系列具体、可操作的任务，鼓励学生自由组建学习小组，在实训基地这一模拟真实工作环境的平台上，展开深入的讨论与分析，共同探索任务的解决之道。此过程不仅锻炼了学生的专业技能，而且促进了团队协作能力、问题解决能力、批判性思维的培养。此外，学校应充分利用竞赛机制作为提高实践能力的有效补充。通过定期举办涵盖商品拍摄、网店装修、网络编辑、网店运营、客户服务等多个模块的综合性活动,为学生搭建一个展示自我、挑战自我的舞台。这些活动不仅要求学生综合运用所学知识与技能,而且鼓励他们发挥创新思维,挖掘自身潜能,以赛促学、以赛促练。

## 五、电子商务实践教学体系建设模式

### (一)构建原则

在构建电子商务实践教学体系时,应遵循几个关键原则:

第一,结合行业需求。实践教学应与当前电子商务行业的实际需求紧密结合。通过与企业合作,了解行业动态,确保教学内容与市场需求同步,使学生能够接触到真实的电子商务工作环境,并为其未来职业生涯作好准备。

第二,强化实践环节。实践教学应成为课程的重要组成部分。通过开展实践项目、模拟实训等活动,让学生参与实际操作,从而提高其实践能力和问题解决能力。这种实践教学方式能够帮助学生更好地理解理论知识,并将其应用于实际情境中。

第三,多元化实践形式。实践教学应采用多种形式,如实践课程、实习实训、竞赛等,以满足不同层次、不同需求学生的需要。这种多元化的实践形式有助于培养学生的综合能力和创新能力,使其能够适应多变的电子商务环境。

### (二)核心内容

#### 1. 实践教学课程设计

在电子商务实践教学体系中,实践教学课程设计占据着举足轻重的地位,既是连接理论与实践的桥梁,也是培养学生实际操作技能和创新思维的重要途径。课程设计的核心理念应以电子商务的核心知识和技能为基石,通过系统化的教学内容安排,使学生能够全面掌握电子商务的运作机制和实务操作技能。具体而言,实践教学课程设计应涵盖电子商务的基础知识,如电子商务模式、平台运营等,帮助学生建立起对电子商务整体框架的认知。同时,针对网络营销、电子支付、物流配送等电子商务的关键环节，课程设计应提供深入的理论解析和丰富的实践案例。这些案例不仅可以帮助学生理解抽象的理论知识，而且可以激发他们对电子商务实际运作的兴趣。在实践环节中，课程设计应注重融入实验操作和案例分析。实验操作可以让学生在模拟的电子商务环境中进行实战演练，如设置网店、管理商品、处理订单等，从而培养他们的动手能力和问题解决能力。案例分析可以让学生通过分析成功或失败的电子商务案例，吸取经验教训，进而提高他们的商业洞察力和决策能力。

2. 实验室建设

实验室不仅应配备先进的硬件设施，如高性能计算机、网络设备、多媒体教学系统等，而且应配备专业的电子商务软件系统，以模拟真实的电子商务交易环境。这样的配置能够为学生提供更加贴近实际的操作体验，帮助他们在实践中深化对电子商务流程的理解。除了硬件设施之外，实验室还应提供多样化的实验项目和案例资源。这些项目和案例应涵盖电子商务的各个方面，从市场调研、产品设计、营销推广到交易结算等，以便学生能够通过实践操作全面接触和掌握电子商务的全流程。通过实验项目的开展，学生可以在教师的指导下，亲身体验电子商务运营中的各个环节，提高他们的实践能力和职业素养。

3. 校企合作

校企合作模式不仅能够为学生提供真实的实践环境和项目经验，而且能够帮助他们更好地了解市场动态和行业需求。通过与企业紧密合作，学校可以及时调整教学内容和方法，使其更加符合行业发展的需要。在校企合作中，企业应为学生提供实际的电子商务项目，让他们在实战中学习和成长。同时，企业专家和学校教师可以共同指导学生，分享行业前沿知识和实践经验，从而拓宽学生的知识视野，提高学生的职业素养。这种合作模式不仅有助于提升学生的实践能力和就业竞争力，而且能为企业输送更多符合市场需求的高素质人才。

4. 师资队伍建设

在电子商务实践教学体系中，教师应具备丰富的实践经验和扎实的教学能力。他们不仅应熟练掌握电子商务的理论知识，而且应具备指导学生进行实践操作和创新活动的能力。为了提高师资队伍的整体素质，学校应定期组织教师参加专业培训、学术交流和企业实践等活动。这些活动可以帮助教师更新知识结构，提升实践技能，从而更好地指导学生进行实践教学。同时，学校还应鼓励教师积极参与电子商务行业的研究和开发工作，以提高他们的专业素养和教育创新能力。此外，邀请行业专家和企业家举办讲座或进行授课也是提升师资队伍水平的有效途径。这些专家和企业家能够为学生提供最新的行业动态与市场需求信息，为他们的职业发展提供宝贵的指导和建议。通过与行业专家和企业家的互动交流，学生可以更加明确自己的职业规划和发展方向，为未来的就业和创业做好准备。

## 第二节　电子商务实践基地的管理与实践探索

### 一、校内实训基地的管理

#### （一）校内实训基地的建设模式

1. 行政部门、学校、企业共建型

行政部门提供相关制度支持和资金扶持，推动实训基地的建设进程。学校提供场地、教学资源和师资力量，负责实践教学的组织和管理。企业则提供真实的电子商务项目、技术支持和实习机会，帮助学生更好地了解行业动态和实际需求。这种模式的优势在于能够充分发挥三方的资源和优势，实现资源共享和优势互补。行政部门可以通过相关制度引导，推动学校和企业之间的深度合作，促进产学研紧密结合。学校可以借助企业的实际项目和技术支持，增强实践教学的针对性和实用性。企业可以通过参与实训基地的建设，培养符合自身需求的人才，同时提升企业的社会形象和品牌价值。

2. 校企合作共建型

在产教融合的背景下，学校与企业的合作成为提高学生实践能力和职业素养的重要途径。学校作为教育资源的提供者，主要负责提供宽敞的教学场地、完善的基本设施、系统的理论教学体系，为学生的知识学习与实践探索奠定坚实的物质基础。企业凭借其行业前沿的设备、先进的技术支持和丰富的项目资源，参与实践教学的过程，使得教学内容更加贴近行业实际，满足市场对人才的需求。在这一合作模式下，学校与企业双方可基于共同的目标和愿景，携手制订科学合理的实践教学计划，共同开发兼具理论深度与实践广度的教学课程，确保教学内容既符合教育规律，又紧密贴合行业发展的实际需求。这种深度合作的机制不仅促进了理论知识与实践技能的有机融合，而且为学生提供了一个更为真实、复杂且富有挑战性的学习环境，有助于全面提高学生的实践能力、创新思维和职业素养。

对于企业而言，参与实践教学不仅是对社会责任的积极承担，而且是人才选拔与培养的前瞻性布局。通过实践教学过程中的深度互动与观察，企业能够更早地发现并选拔出符合自身发展需求的高素质人才，并通过定制化的培养方案，提前进行人才储备与能力提升，从而在激烈的市场竞争中占据先机，实现企业与人才的双赢发展。

3. 行政部门、企业共建型

在电子商务教育的实践探索中，一种创新的合作模式正逐渐显现其独特优势，即行政部门与企业协同共建实训基地的模式。行政部门在此模式中扮演着至关重要的角色，它们通过提供必要的土地资源、财政资金支持及出台一系列相关政策，为实训基地的建设和运营奠定了坚实的物质基础与政策保障。这些支持措施不仅体现了行政部门对电子商务行业发展的高度重视，而且为其可持续发展注入了强大的动力。与此同时，企业作为行业发展的主体，以其丰富的设备资源、先进的技术实力和多样的项目经验，成为实训基地的重要支撑。企业通过提供这些资源，不仅能够有效提升实训基地的实践教学水平，而且能够在与学生、教师的互动交流中，不断汲取新鲜思路，促进自身技术革新与品牌影响力扩大。此模式的优势在于，行政部门与企业之间形成了紧密的合作关系，实现了资源共享与优势互补。行政部门通过制度引导与资金支持，有效激发了企业参与实训基地建设的积极性，推动了实训基地建设水平的持续提升与运营效率的不断优化。企业则借助这一平台，不仅提升了自身的技术实力，扩大了品牌影响力，而且通过深度参与人才培养过程，为电子商务行业输送了大量高素质、高技能的人才，进一步促进了整个行业的繁荣发展。

4. 学校独资建设型

在教育培训体系中，学校主导型实训基地建设模式展现出了独特的优势。在该模式下，学校作为核心主体，全面承担起实训基地的选址与规划、设施设备采购、实践教学的组织与管理等多重职责。这一安排使得学校能够根据自身的教学需求、专业特色、资源条件，进行实训基地的自主规划与建设，从而确保实训基地的功能布局、设备配置与教学实践需求高度契合。此模式的显著优点在于，学校对实训基地拥有完全的自主权与掌控力，能够灵活调整实践教学的计划与内容，及时响应教育政策、行业需求及学生发展需求的变化。通过实训基地这一平台，学校可以开展形式多样的实践教学活动，如模拟实训、项目驱动教学、校企合作项目等，有效提高学生的实践能力、职业素养、创新能力。学校主导型模式也存在一定的局限性。首先，实训基地的建设与运营需要投入大量资金，对于资金实力有限的学校而言，这可能构成沉重的负担。其次，随着技术的快速发展与行业的不断变革，实训基地的技术设备可能需要快速更新，学校可能因资金、信息、管理等方面的限制，难以确保技术更新的及时性与前瞻性。

**（二）实训基地的管理**

1. 学校管理

学校需制定详细的管理制度，明确各部门及人员的职责，确保实训基地的日常运营有序进行。此外，学校还需负责基地设施的维护、更新与升级，以保证实践教学的质量。学校作为管理主体，需要根据电子商务专业的培养目标和课程体系，合理安排实践教学的内容和时间。这包括设计实践项目、制订实践计划、组织实践教学活动等。学校应确保实践教学与理论教学相衔接，提高学生的实际操作能力和问题解决能力。在学校管理模式下，学校应建立有效的质量监控和评估机制。通过对实践教学的定期检查、学生反馈、教师评价等多种方式，对实践教学的质量进行全面评估。

2. 校企共同管理

在校企共同管理模式下，学校和企业共同承担实训基地的管理责任。双方应建立稳定的合作关系，明确各自的责任和义务。学校提供教学资源和师资力量，企业则提供行业经验和实际项目。通过深度合作，实现资源共享和优势互补。校企共同管理有助于实践教学与行业需求的紧密对接。企业可以根据自身需求和市场动态，为学校提供真实的电子商务项目和案例。这不仅可以丰富实践教学的内容，而且可以帮助学生更好地了解行业现状和发展趋势。在校企共同管理模式下，企业可以参与人才培养过程。通过实践教学、实习实训等方式，企业可以提前发现并培养符合自身需求的人才。

3. 企业管理

企业需要根据市场需求和行业动态调整实践教学的内容与方式。同时，企业还需要负责实训基地的日常运营、设施维护、教学质量监控等工作。企业管理模式强调实战经验的传授和技能的提升。企业可以派遣具有丰富实践经验的员工担任实训教师，为学生提供真实的电子商务项目和实践机会。通过实战演练和案例分析等方式，帮助学生快速掌握电子商务运营的核心技能。在企业管理模式下，实践教学更加注重学生就业导向和职业规划。企业可以根据自身的人才需求和市场趋势，为学生提供有针对性的就业指导和服务。

## 二、校外实训基地的管理

### （一）电子商务校外实践的实施细则

电子商务校外实践涉及学校、企业和行政部门等多个参与方，各方职责的明确界定是确保实践活动顺利进行的关键。学校作为教育主体，其职责主要在于制订实践计划、组织和管理学生参与实践活动。学校应根据学生的专业背景和实际需求，设计合理的实践内容，以确保学生能够在实践中获得有效的学习和成长。同时，学校还负责对学生进行安全教育，并监督整个实践过程，以确保学生的安全和权益。企业在电子商务校外实践中扮演着重要角色。企业需要提供真实的商务环境和实践机会，让学生接触到实际的工作流程和问题。企业应指定经验丰富的员工担任导师，对学生进行专业指导和培训，帮助他们更好地理解和应用所学知识。此外，企业还需要对学生的实践表现进行评价和反馈，以便学校和学生了解实践效果。行政部门在电子商务校外实践中也承担着一定的职责。行政部门应出台相关制度，鼓励和支持企业参与校企合作，为实践活动提供必要的保障和支持。[①]

学生应严格按照实践计划参与活动，不得无故缺席或迟到、早退。如需调整实践时间或内容，应提前与指导教师或相关负责人沟通。在实践过程中，学生要保持礼貌和谦逊的态度。学生应尊重导师和企业员工的意见与建议，虚心学习，积极请教。学生在实践过程中可能接触到企业的商业机密，必须严格保密，不得随意泄露或传播相关信息。学生应遵守企业的安全规章制度，注意个人安全，避免在操作设备或进行实践活动时发生意外。如遇紧急情况，应立即向导师或企业员工求助。在使用企业的信息系统和数据时，学生应严格遵守信息保密规定，不得擅自复制、传播或用于其他用途。同时，要防范网络攻击和病毒入侵，确保信息系统的安全稳定。表5-1为学生校外实习任务书。

表5-1 学生校外实习任务书

| 学生校外实习任务书 | | | | | | |
|---|---|---|---|---|---|---|
| 说明：根据教学计划与实践教学安排，现要求学生到企业实习，该任务书需要学生在实习前阅读填写，了解实习要求，希望每一名学生都能够认真且高质量地完成实习任务 | | | | | | |
| 姓名 | | 学校 | | 专业 | | 班级 | |
| 实习单位<br>与岗位名称 | （此处根据学生实习的实际情况进行填写） | | | | | |
| 学生所在岗位的<br>职责 | （此处根据学生实习的实际情况进行填写） | | | | | |
| 学生所在岗位<br>对学生能力的要求 | （此处根据学生实习的实际情况进行填写） | | | | | |

---

① 陈小芳. 电子商务专业校外实训实习基地建设的实践与思考［J］. 辽宁科技学院学报，2016，18（2）：70–72.

| | |
|---|---|
| 实习的主要任务<br>与要求 | 1．操作性技能要求<br>（1）简要阐述实习岗位对技能的要求<br>（2）分析掌握岗位所要求技能的难度与学习方式<br>（3）争取考取与岗位技能相关的国家资格证书<br>2．总结要求<br>（1）详细阐述在实习岗位中遇到了哪些困难、有哪些收获<br>（2）分析实习过程中自身存在的不足及改进的路径<br>（3）撰写实习总结报告 |
| 学校指导教师签名：<br><br>教师联系电话： | 企业指导人员签名：<br><br>企业指导人员电话： |
| 企业负责人意见：<br><br><br><br><br>签名：<br>年　　月　　日 | |
| 电子商务专业主任意见：<br><br><br><br><br>签名：<br>年　　月　　日 | |

电子商务校外实践的考核是对学生参与实践活动成果的一次全面评估，其核心目的在于确保学生能够将理论知识与实际操作相结合，提高其电子商务领域的实战能力。这一考核过程应严格遵循科学、客观、公正的原则，通过多元化的评价方式，全面衡量学生在实践中的表现。具体来说，考核内容不仅包括学生对电子商务基础知识的掌握情况，而且涉及他们在实践中的操作能力、问题解决能力、团队协作能力等多个方面。此外，考核还应注重过程与结果的双重评价，既要看到学生在实践过程中的努力与进步，也要关注他们最终达成的实践成果。通过这样的考核方式，可以更准确地评估学生的综合素质，为他们今后的职业发展提供有益的指导。

**（二）不同校外实训基地模式的管理**

1. 行政部门投资建设的共享型校外实训基地管理

行政部门投资建设的共享型校外电子商务实训基地的管理，是一个涉及多方协同、资源整合与高效利用的综合性系统工程。这类基地由行政部门主导投资，以服务广大学子与社会人士、提高其电子商务实践与创新能力为目标。在管理上，它要求建立一套科学、规范、高效的管理体系，确保基地的日常运营与长远发展。这包括基地的日常维护、设备更新、安全保障、教学培训计划的制订与执行等多个方面。同时，为了最大化地发挥基地的效用，管理方还需积极与学校、企业等各方进行沟通协作，实现资源共享与优势互补。此外，行政部门还需制定完善的相关制度与法规，为基地的可持续发展提供法律保障，并通过定期评估与监督，确保基地的运营质量与效益。通过这种全方位、多层次的管理策略，行政部门投资建设的共享型校外电子商务实训基地将能够更好地服务于社会，培养出更多具备实战经验的电子商务人才，进而推动整个行业的持续健康发展。[①]

2. 校企共建校外实训基地管理

校企共建校外电子商务实训基地的管理是校企合作模式在电子商务教育中的重要体现，旨在通过双方资源的整合与共享，构建一个高效、实用的实践教学平台。这种管理模式强调学校与企业之间的深度合作与协同，共同制订实训基地的建设规划、运营策略、管理制度。在管理过程中，学校和企业需明确各自的责任与义务，确保实训基地的日常运营有序高效。同时，双方应共同参与实训基地的教学计划制订、课程设计及学生实践活动的组织与实施，以保障实践教学的质量。此外，校企双方还需建立有效的沟通机制，定期评估实训基地的运营效果，及时调整管理策略，以实现教学资源的最大化利用。通过这种管理模式，校企共建校外电子商务实训基地不仅能够提高学生的实践能力，而且能够为企业输送具备实战经验的人才，从而实现学校、企业与社会的共赢。

---

① 王东波. 电子商务专业实践基地建设探索与实践 [J]. 商场现代化, 2020（23）: 33-35.

### 3. 松散型校外实训基地管理

松散型校外电子商务实训基地管理，相较于紧密的校企合作模式，其特点在于更大的灵活性和自主性。在这种管理模式下，学校与企业之间的合作相对松散，但并不意味着管理可以随意。首先，要明确基地的定位和目标，确保实践活动与教学目标一致。其次，虽然合作形式较为松散，但是仍需建立一套行之有效的管理制度，包括学生实践活动的组织、监督与评价机制，以保障实践教学的质量。此外，松散型基地更注重学生的自主学习和探索，因此，在管理过程中应给予学生足够的自由度，鼓励他们主动学习和创新。同时，企业与学校仍需保持沟通，定期评估实践效果，以便及时调整教学策略。最后，松散型校外电子商务实训基地的管理也应注重资源整合，尽管合作形式较为自由，但需充分利用学校和企业的资源，为学生提供多样化的实践机会。综上所述，松散型校外电子商务实训基地管理旨在平衡自由度与规范性，通过明确目标、建立制度、鼓励自主学习和资源整合，实现有效的教学与实践相结合。

### （三）广东东软学院—聚商科技实践基地案例

广东东软学院为民办全日制普通本科院校，位于中国南方制造业的重地——佛山市。佛山地区拥有雄厚的工业基础，陶瓷、铝材、服装、家具等制造业发达，商业兴盛，创新意识强。家电产品在佛山市的电商交易额中排名第一，其次为家具、陶瓷、服装、钢材、塑料、机械等传统制造业，它们也成为佛山电子商务重点发展的行业。从区域经济、产业集群的角度分析，本地高校教育教学改革非常适合采用产教融合的模式，尤其是电子商务专业，特别需要通过大量的企业项目和实践操作提高学生的能力和技能。如前所述，国内电商与跨境电商产业发达，拥有上万家各种类型的电商企业，为校外实践基地建设提供了良好的条件。

与广东东软学院商务专业共建校外实践基地的企业为佛山聚商网络科技有限公司，公司业务主要是为阿里巴巴开拓1688诚信通企业会员，为工厂型企业的批发业务赋能。公司业务范围包括阿里巴巴诚信通市场开发、阿里巴巴诚信通老会员服务、托管代运营、网站建设、电子商务及网络营销实战培训、直播、新媒体营销、组织商圈活动等，员工规模达上百人。

1. 在和聚商科技合作过程中的主要做法和经验

（1）邀请企业来校宣讲，近距离接触企业的实践。通过公司高管的分享，宣传企业形象，培养正确的职场心态，给学生传授职场经验。

（2）用人需求对接。先后组织了几次校园招聘会和毕业生对接活动，为企业匹配合适的实习生。不仅如此，在小学期实践中也将企业的项目融入课程中。

（3）育人经验交流。基地建设的师资团队走访企业，了解企业的业务流程，交流育人经验，了解企业对人才的真实需求。

（4）授课计划与人才培养方案的不断完善。在听取用人企业的反馈后，从中获得启发，筛选课程进行重新设置，对人才培养方案不断进行修正。

（5）在课程环节融入企业项目进行实训。将企业的一些项目引入课堂，变成教师课程实训的一部分。比如在商务谈判与推销技巧等现有课程中，按照企业真实的工作场景设计实训内容，组织学生参与，并得到学生的良好反馈。实训项目应具有连贯性和创新性，比较有吸引力。

（6）企业文化的熏陶。聚商具有阿里巴巴员工创业的基因，在企业文化上继承了阿里巴巴的特点，比如激情、团结、分享和高效执行力，无论在企业宣讲、课程实训还是毕业生实习上，都充分地对学生进行了企业文化的教育。

2. 所取得的成果

（1）签署了校企合作协议，并在企业办公地点建立了校外实践基地，完成挂牌。

（2）在双选基础上向企业陆续推荐了一部分实习生和毕业生，他们在企业从事微信运营、网站设计、网络营销等工作。

（3）通过企业调研，了解企业对学生能力培养的要求，对相应课程的教学大纲、电商专业的授课计划、人才培养方案进行了调整和完善。

（4）定期进行走访和交流，建立了顺畅的沟通渠道，企业方对学校的教学、课程设置提出了很多有益的意见和建议。

（5）企业对加入公司的学校毕业生给予了积极的评价，与学校建立了长期的用人合作关系。

（6）企业积极参与电商专业相关实验室（直播电商实验室）的建设，

结合企业的实践经验，提出了中肯和宝贵的意见。企业目前建立了电商直播业务部门，在产品资源方面和电商实验室进行共享。

3. 在合作中，还存在的问题或不足

（1）阿里巴巴诚信通会员业务的推广、电话营销具有较大挑战性，还需要对刚上岗实习的学生进行系统化的培训，提高他们的抗压能力。

（2）学生在实习期间遇到困难时自身解决问题的能力不足，还需要在校教师提前对学生的职场心态进行教育。

（3）"00后"大学生在个人目标、事业心和奋斗精神上还需要教师进行持续性的引导与激励。

## 三、电子商务实践基地的实践探索

### （一）实践教学模式的创新

在传统的实践教学中，教师往往是知识的传授者，学生则是被动的接受者。在电子商务实践基地中，采用了项目驱动教学法，使学生成为学习的主体。例如，通过组织电子商务营销大赛，让学生自由组队并选择产品进行网络营销。在这一过程中，学生成为项目的策划者、执行者和评估者。他们需要自主进行市场调研、分析目标市场、制订营销策略、设计广告文案，并根据实际销售额来评判自己的成绩。这种方式极大地激发了学生的学习兴趣和主动性，也锻炼了他们的市场洞察力和创新能力。在电子商务实践基地中，强调团队合作的重要性。通过角色扮演，每名学生都能在团队中找到自己的位置，发挥自己的特长。例如，在营销大赛中，有的学生擅长市场分析，有的学生擅长文案创作，还有的学生擅长数据分析。他们需要在团队内部进行有效的沟通与协作，共同完成任务。这种教学模式不仅培养了学生的团队协作能力，而且让他们在实际操作中学会了如何发挥自己的优势，为团队的成功作出贡献。[①]

---

① 赵甜，李增辉. 产教融合模式下电子商务专业实践教学创新研究［J］. 老字号品牌营销，2024（10）：234-236.

**（二）实践教学与行业需求的对接**

为了让学生更好地了解电子商务行业的实际需求，在实践基地中引入了真实的电子商务项目和案例。这些项目和案例来自合作企业或者市场上的真实数据，具有极高的实战价值。通过分析这些案例，学生可以更直观地了解电子商务的运营流程、市场策略、消费者行为等方面的知识。同时，他们还可以将这些知识应用到自己的项目中，从而增强项目的实战性和可操作性。电子商务实践基地还积极与企业合作，为学生提供实习和就业机会。通过与企业的紧密合作，可以及时了解行业的最新动态和市场需求，从而调整教学内容和方法。同时，企业也为学生提供了真实的实践环境，让他们在实际工作中锻炼自己的技能和能力。这种校企合作模式不仅提升了学生的就业率，而且为企业输送了更多符合市场需求的高素质人才。

**（三）实践教学的评估与反馈**

在电子商务实践基地中，建立了多元化的评估体系来全面评价学生的实践成果。除了传统的考试成绩外，还注重对学生的实际操作能力、创新思维和团队协作能力进行评估。例如，在营销大赛中，根据学生的销售额、市场分析报告、广告文案等多个方面来评判他们的成绩。这种多元化的评估方式更能真实地反映学生的综合能力和实践水平。为了让学生及时了解自己的学习进度和存在的问题，建立了及时的反馈机制。在实践过程中，教师会定期与学生进行沟通与交流，对他们的实践成果给予评价和建议。同时，还会组织学生进行自我评估和团队评估，让他们从多个角度了解自己的优点和不足。通过这种反馈机制，学生可以及时调整自己的学习方向和方法，提升学习效果。

# 第三节　电子商务实践教学中的项目制学习

## 一、项目制学习的理论基础

项目制学习的根源可追溯至建构主义学习理论，这一理论深刻地揭示了学习的本质——一个主动的、建构性的认知过程。在此理论框架下，学生的学习不再是简单的知识接收，而是一个通过与外部环境积极互动，进而自主构建知识和理解体系的动态过程。这种学习模式的核心理念在于，它倡导学生以更为主动、探索性的态度去面对知识。在项目制学习的实践中，学生被赋予了更大的自主权和探索空间。他们不再是知识的被动接受者，而是成为知识的主动探索者和问题的解决者。这一转变不仅提升了学生在学习过程中的主体地位，而且激发了他们对知识的渴望和对问题的敏感度。学生在真实或模拟的情境中，通过一系列实际操作，如调研、分析、实验等，亲身体验知识的产生和应用过程。这种学习方式不仅有助于学生深化对知识的理解和应用，而且能培养他们的实践能力和创新思维。值得注意的是，项目制学习是在教师的引导下，学生进行有目的的、系统性的探索和学习。教师在这一过程中扮演着引导者和支持者的角色，他们需要精心设计项目任务，提供必要的资源和指导，以确保学生在探索过程中能够有所收获。同时，教师还需要关注学生的学习进展，及时给予反馈和建议，以帮助他们更好地完成知识建构和能力提高。

## 二、项目制学习在电子商务实践教学中的应用

### （一）项目设计与选题

在项目制学习中，项目设计的合理性直接关系到学生的学习效果和实际应用能力的提高。因此，教师在设计项目时必须充分考虑课程目标和行业需求。课程目标是指通过课程教学所要达到的预期结果。它是教学活动的出发点和归宿。行业需求反映了社会对电子商务专业人才的具体要求，是电子商务实践教学的重要导向。教师在设计项目时，应结合电子商务课程的核心知识点和技能要求，将理论与实践相结合，确保项目内容既涵盖课程重点，又满足行业对人才的实际需求。同时，项目设计还应具有一定的挑战性，以激发学生的学习兴趣和动力，促使他们在解决问题的过程中不断挖掘自身潜力，提高实践能力。选题是项目制学习的关键环节之一，直接影响学生的学习热情和探索欲望。在电子商务实践教学中，选题应紧

密围绕电子商务领域的实际问题展开，如电子商务平台运营、网络营销策略制订等。这类选题不仅与学生未来的职业发展密切相关，而且能够引发学生的浓厚兴趣，促使他们主动投入项目的研究与实践中。通过选择与电子商务实际问题紧密相关的选题，学生可以更加直观地了解电子商务行业的运作机制和市场需求，从而更好地将所学知识应用于实际问题的解决中。此外，这类选题还能帮助学生建立起对电子商务行业的整体认知，提高他们的专业素养和综合能力。

（二）团队协作与分工

在项目制学习中，学生被组织成小组，共同承担项目任务，这就要求他们必须在小组内进行有效的沟通与协作。通过团队协作，学生不仅能够学会如何与他人合作，而且能够更好地发挥自己的优势，为团队的成功作出贡献。在团队协作过程中，每名学生都能够根据自己的兴趣、能力和特长找到适合自己的角色和定位。这种分工合作的方式不仅提高了工作效率，而且使得每名学生都能够在团队中找到自己的价值，从而更加积极地投入项目中。在电子商务实践教学中，教师可以根据学生的兴趣、能力和特长进行分组，以确保每个小组的成员构成具有多样性和互补性。同时，教师还应明确每个小组成员的角色和职责，以确保团队协作顺利进行。在团队协作过程中，学生需要共同讨论和制订项目计划，分配任务和资源，并定期召开小组会议进行进度汇报和经验分享。通过这种方式，学生不仅能够提高自己的沟通能力和协调能力，而且能够培养自己的领导力和团队合作精神。此外，团队协作还能够帮助学生更好地理解和掌握电子商务的相关知识和技能。在团队协作过程中，学生需要相互讨论和解决问题，这不仅能够加深对知识的理解和应用，而且能够拓宽学生的视野和思维方式。

（三）项目实施与问题解决

在项目实施过程中，学生被要求将课堂上学到的电子商务理论知识与实践操作相结合，包括但不限于市场调研的技巧、数据分析的方法、策略制订的原则等。例如，在进行市场调研时，学生需要运用市场调研的理论知识，设计合理的问卷，收集并分析数据，以了解市场需求和消费者行为。在数据分析环节，学生需要运用统计学、数据挖掘等技能，对收集到的大量数据进行处理和分析，从而提取出有价值的信息。在策略制订阶段，学生需要结合市场环境、竞争对手情况、自身资源，制订出切实可行的电子商务运营策略。这一系列操作不仅要求学生熟练掌握电子商务的基本知识和技能，而且需要他们能够根据项目的实际情况，灵活地运用这些知识和技能解决问题。这种知识的深度应用不仅帮助学生巩固了课堂所学，而且促进了他们对电子商务行业的深刻理解和认识。

项目实施过程本质上是一个问题解决的过程。在这个过程中，学生面对的是真实且复杂的问题情境，他们需要独立分析问题、提出假设、设计方案，并通过实践操作来验证方案的可行性。这种基于问题的学习模式极大地锻炼了学生的问题解决能力。他们学会了如何从多个角度审视问题，如何运用创新思维去寻求解决方案，并在实践中不断优化和完善这些方案。

**（四）成果展示与评价**

在成果展示环节，学生需要清晰、有条理地向教师和同学汇报项目的整个实施过程，包括项目的目标、实施步骤、遇到的问题及采取的解决方案，以及最终取得的成果。这一过程要求学生能够准确、流畅地表达自己的思想和观点，还需要他们具备良好的逻辑思维能力，以确保汇报内容的连贯性和完整性。通过成果展示，学生的表达能力得到了锻炼。他们学会了如何组织语言，以更加生动、具体的方式描述项目的各个环节。此外，与教师和同学的互动交流也提高了学生的沟通能力，使他们能够更好地理解他人的观点，并做出恰当的回应。成果展示结束后，教师和其他同学会对项目进行评价与反馈。这些评价和反馈不仅针对项目的完成质量与取得的成果，而且包括学生在项目实施过程中表现出的能力、态度和合作精神等方面。通过听取他人的评价和反馈，学生可以更加全面地认识到自己在项目中的表现，了解自己的优点和不足。这种自我认知的过程对学生来说是非常宝贵的。它能帮助学生明确自己在后续学习中需要改进和提升的方向，从而制订出更加有针对性的学习计划。同时，正面的评价和反馈也能增强学生的自信心和学习动力，激励他们在未来的学习中更加努力。

## 第四节　电子商务实践教学体系中的校企合作

### 一、校企合作的必要性

随着电子商务行业的迅猛崛起，市场对具备专业素养和技能的电子商务人才的需求呈现出明显的增长态势。高校作为培育未来行业精英的摇篮，肩负着培养理论与实践并重的人才的重要使命。为了更好地对接行业需求，高校必须密切关注电子商务的发展趋势，确保所培养的人才不仅拥有扎实的理论知识，而且具备出色的实践操作能力。校企合作作为一种深化产教融合、提升教育质量的有效手段，日益受到教育界的重视。通过校企合作，高校能够建立起与行业间的直接联系，从而及时捕捉电子商务行业的最新动态和市场需求变化。这种紧密的合作关系使得高校能够把握行业发展的脉搏，灵活调整专业课程设置，确保教学内容与行业需求保持高度契合。不仅如此，校企合作还为高校提供丰富的实践教学资源，帮助学生将理论知识转化为实际操作能力，进而提高他们的综合素质，提升他们的就业竞争力。可以说，校企合作不仅是一座连接高校与行业的桥梁，而且是一种优化人才培养模式、提升教育质量的重要途径。通过这种合作模式，高校能够更好地履行其社会责任，为电子商务行业输送更多高素质、专业化的复合型人才。

### 二、校企合作的具体形式

#### （一）共建实训基地

高校与企业携手打造的电子商务实训基地，为学生营造了一个贴近实际工作场景的学习环境。在这样的实训基地中，学生有机会接触到行业内先进的设备和技术，从而在实践操作中更加直观地理解电子商务的运营机制和交易流程。实训基地提供了一个将理论知识转化为实践操作的平台。学生在这里可以将所学的电子商务理论应用到具体的工作流程中，通过实际操作加深对理论知识的理解，进而实现知识与技能的有效融合。此外，真实的职业环境还意味着学生需要面对和解决现实工作中可能遇到的问题，如库存管理、物流配送、客户服务等。这样的经历不仅能够锻炼学生的问题解决能力，而且能够培养他们的职业素养和团队协作精神。通过与企业的实际运营接轨，学生可以在实训过程中不断调整和优化自己的知识体系，为将来步入工作岗位奠定坚实的基础。在实训基地中，学生能够通过实际操作，及时了解和掌握市场的最新动态，包括消费者需求的变化、竞争格局的演变、营销策略的调整等。这种对市场的敏锐洞察力是电子商务人才必备的重要素质之一。同时，实战操作能力也是电子商务专业学生需要掌握的核心技能。在实训基地中，学生有机会亲身参与电子商务的各个环节，从商品上架、营销推广到订单处理、售后服务等，这一系列流程的操作能够极大地提高学生的实战能力。通过不断地实践，学生可以熟练掌握各种电子商务工具和平台的使用，提高自己的工作效率。

**（二）开展实践教学**

企业通过派遣经验丰富的专业人士参与高校实践教学课程的设计，有效地将最新的行业知识和技能要求融入教育内容中。这些专业人士深谙行业发展的前沿动态，能够确保课程内容的时效性和实用性。他们不仅可以将最新的电子商务理论、技术趋势和业务模式引入课堂，而且可以根据实际工作需求，对课程的结构和内容进行优化调整。这样的合作模式有助于缩小学校教育与行业需求之间的差距。企业的参与使得教育内容更加贴近实际，让学生能够在学习过程中就掌握到行业真正需要的知识和技能，为将来顺利融入职场做好准备。企业提供实际案例供学生分析和解决问题，是校企合作开发实践教学课程的又一重要方面。这些案例往往涉及电子商务运营中的真实问题和挑战，如市场定位、营销策略、供应链管理、客户关系管理等。通过分析这些案例，学生可以更加深入地理解电子商务的实际运作，培养解决实际问题的能力。案例分析的教学方法具有极高的互动性和实用性，能够激发学生的学习兴趣和主动性。在分析过程中，学生不仅需要运用所学的理论知识，而且需要结合实际情况，提出切实可行的解决方案。这样的学习过程不仅能够加深学生对电子商务的理解，而且能够锻炼他们的批判性思维和创新能力。

此外，通过校企合作共同开发的实践教学课程，学生还能接触到更多元化的学习资源和更广阔的职业发展平台。企业可以为学生提供实习机会，让他们在实际工作环境中应用所学知识，进一步提高自己的职业素养和综合能力。

### （三）提供实习机会

在校企合作框架下，企业为学生提供实习岗位，使得学生有机会在真实的工作环境中亲身体验电子商务的实际运作。这样的实习机会与传统的课堂教学形成有力互补，让学生在实践中深化对电子商务流程、技术及应用的理解。在实习过程中，学生能够直接参与商品上架、订单处理、客户服务、营销推广等核心环节，从而更加直观地了解电子商务的运营模式和市场动态。这种实践操作不仅锻炼了学生的动手能力，而且提高了他们的问题解决能力。面对实际工作中的挑战和问题，学生需要灵活运用所学知识，不断调整和优化操作策略。这样的经历极大地提高了学生的实践操作能力，使他们能够更加熟练地运用各种电子商务工具和平台，为未来的职业生涯做好充分的准备。

## 三、校企合作的优势

### （一）资源共享

首先，高校作为人才培养和知识创新的重要基地，拥有丰富的教育资源，包括优秀的师资力量、完善的课程体系、深厚的研究基础。在校企合作中，高校可以将这些教育资源与企业共享，从而实现资源的充分利用和优化。高校教师队伍具有深厚的学术背景和丰富的教学经验，可以为企业提供专业的培训、咨询和研究服务，帮助企业提高员工素质、解决技术难题、推动产品创新。同时，企业也可以派遣员工到高校接受系统的培训和教育，提升其专业技能和知识水平。高校的课程体系和研究基础可以为企业提供有力的支持。高校可以根据企业的需求，定制个性化的课程和培训方案，帮助企业培养具备专业知识和实践能力的人才。此外，高校的研究成果也可以与企业进行共享和转化，推动科技创新和产业升级。

其次，在校企合作中，企业可以将这些市场资源与高校共享，为高校提供实践教学和科研支持，同时也有效整合和拓展自身的市场资源。企业可以为高校提供实习岗位和实践机会，让学生在真实的工作环境中体验和学习电子商务的实际运作。这不仅能够提高学生的实践操作能力，而且能够培养他们的职业素养和团队协作精神。同时，企业也可以通过与高校合作，发现和挖掘潜在的人才资源，为企业的长远发展储备优秀人才。此外，企业还可以将自身的设备和技术资源与高校共享，为高校的实践教学和科研活动提供支持。这不仅可以提升高校的教学质量和科研水平，而且可以推动企业的技术创新和产品研发。

### （二）促进就业

通过与企业合作，高校能够安排学生进入企业实习，使学生在实习过程中深入了解行业现状和工作流程。这种实习经历不仅让学生获得了宝贵的实践经验，而且为他们构建了一个展示自己才能的平台。企业在实习过程中可以更早地接触到优秀的学生，对其能力、态度和潜力进行全面评估。对于表现突出的学生，企业往往会提供正式的就业机会，从而大大缩短了学生从毕业到就业的时间。此外，实习期间，学生还能与企业员工建立联系，拓宽自己的人脉网络，这对于未来的职业发展和就业选择都是极为有利的。实习经历还能帮助学生更清晰地认识自己的职业兴趣和发展方向，从而作出更明智的职业规划。企业通过与高校的紧密合作，可以及时反馈市场需求和行业动态，以及对学生技能和知识的要求。高校可以根据这些反馈，调整教学计划，优化课程设置，确保教育内容与市场需求保持同步。这种灵活性使得高校教育更加贴近实际，培养出的人才也更加符合企业的用人需求。当学生掌握了企业真正需要的知识和技能时，他们在就业市场上的竞争力自然也会大幅提升。同时，企业更倾向于招聘这些经过实际工作环境检验，且技能与市场需求紧密对接的毕业生。

### （三）推动行业发展

高校拥有强大的研究能力和丰富的学术资源，企业则具备实战经验和对市场需求的敏锐洞察力。双方合作，能够针对电子商务领域的关键问题和技术瓶颈进行深入的研究与探索。通过共同开展科研项目，校企双方可以共同探索电子商务领域的新技术、新模式。例如，研究大数据分析在电子商务中的应用，开发更智能的推荐系统，或者探索虚拟现实、增强现实等技术在电子商务中的潜力。这些研究不仅能够推动电子商务技术的创新，而且能够提升行业的整体竞争力。高校的研究成果可以通过企业转化为实际应用，从而推动行业的技术进步和模式创新。同时，企业也能通过与高校的合作，及时了解与掌握最新的科研成果和技术动态，为自身的创新发展提供源源不断的动力。此外，校企合作还能促进双方在各自行业内的知识共享和交流。高校和企业之间的密切合作，有助于打破行业壁垒，推动电子商务行业内部的资源整合和优化配置。这种合作模式不仅提升了整个行业的创新能力和市场竞争力，而且为电子商务行业的可持续发展奠定了坚实的基础。

## 四、电子商务下的企业项目整合教学改革

### （一）项目整合教学的流程

项目整合教学实施了"项目导向，任务分解、实例驱动"的教学模式。主要包括以下几个流程：

第一，教师明确项目任务。项目任务包括选择项目、教师引导。在项目选择期时，项目的好坏直接影响教学实践能否达到预期效果。因此，精心地选择项目非常关键，要尽量避免项目选择的随意性，提升项目选择的质量，也可以借助电子商务大赛这一契机，在教师的引导下，学生接触到大量新的项目实践，在学习的过程中也会产生一些新的需求，教师在这个时候应该在方法上给予指导，结合实际项目做一些启发性的提问，以增强学生的参与积极性。

第二，学生制订和实施项目计划。在这个阶段，学生在学习各个专业时均有特定的需求，需要给予其充足的时间尝试各种不同的方案，了解其中的差异。这个阶段又是学生理解和消化的最佳时期，学生应该积极主动地参与项目教学实践讨论，尽可能多地与其他人交流项目思路及方法，发挥主观能动性，并通过项目实践更好地理解理论知识，再通过理论知识更好地理解项目实践。

第三，教师评价评估项目效果。教师在评价评估项目时，应当综合考虑项目过程和项目结果，两个考核部分都应该一视同仁，在项目整合教学过程中评价学生是否积极地参与、是否相互进行交流，形成互帮互助的

方式，在项目整合教学结果中，考虑学生的项目实践成果，将学生之间的项目实践成果进行对比，指出其中的差距，从而推动学生的进步。其基本原则是：在考核内容上，以能力考核为主；在考核时间上，以过程考核为主；在考核方法上，以项目作业、学生自测、学校和社会共同考评为主；在考核目的上，以引导学习、查检学生能力成绩考评为主；在考核结果上，以学生能力成绩评定、教师教学考评为主。

第四，共同总结项目中的知识点并推而广之。根据项目整合教学各阶段的教学成果，对实践中出现的各种问题进行总结，并且分享项目整合教学实践中表现优异同学的方法与思路，以帮助实践中表现欠佳的同学提高成绩。通过对理论的重新解构和重组，发现新思路和新方法，增强教师和学生的互动性。

**（二）项目整合教学改革的保障体系建立**

项目整合教学改革肯定也会出现各种各样的问题，这是不可避免的。在改革的过程中，应该建立完善的保障体系以确保项目整合教学改革的进行，主要包括以下几个方面：

第一，师资团队的保障。在项目整合教学改革中，教师担任着重要的角色，不仅仅起到引导学生的作用，还应当具备为企业提供技术服务的能力。在项目整合教学改革的过程中，需要有强大的师资团队来吸引企业，促使企业将项目交由学校，形成"校企结合"的局面。

第二，实训条件的保障。以学生团队进行的企业项目的开发和运营，一切都要按照企业运作条件进行，这就需要相应的办公条件。实训的办公条件可以容纳足够的队伍，确保各个队伍彼此之间具有独立性，并且具有相对应的管理体系，使得项目整合教学改革能够顺利进行。

第三，教学管理体系的保障，主要包括两个方面：一是教师考核方面。在企业项目整合改革中，这是一种实践性非常强的教学，因此，教师没有固定的上课时间和上课地点，在学生遇到困难时就应该及时给予解答，况且在网络信息化的今天，通过通信设备的交流方式也日益普遍。在这种教学方式中，急需制订一种新的考核方式。二是团队的构成和管理方面。进行企业项目实践的团队成员应来自不同的班级且有着较强的能力，在对学生进行考核的同时，采取优胜劣汰的方法，对于表现较为优秀的和较为差强人意的学生实行"上下岗"制度。

**（三）企业项目整合教学改革的具体实施计划**

依据企业项目进行专业课程的理论学习，通过对企业项目设计、运营等阶段的把握，学习电子商务概论、网站设计、Web程序设计、网络营销、ERP企业资源计划等专业科目，奠定扎实的理论基础。

依据企业项目进行实践教学，可以根据项目的类型分为三种不同的方式：第一种方式是基础课程实验层次。采用"小型项目加课堂实验"的模式，对于一些基础性课程，可以发布一些小任务，学生在完成的过程中，可以加深对课本知识的理解，并且掌握基础的实践技能，为后续综合性、复杂性的实践奠定基础。第二种方式是创新应用实验层次。采用"中型项目加课程设计"的模式，通过中型项目的学习，学生已经比较熟练地掌握了项目实践的方法和步骤，可以承担一些具体的项目实践，在这个过程中培养学生分工协作的能力。第三种方式是创业性实验层次。采用"大型项目加实习实训"的模式，在这种模式下主要采用校企结合的方式，由企业提出具体项目，教师分配学生完成。这种方式对学生的综合素质要求较高，不仅考查学生将理论知识运用于实践的能力，而且可以使学生提前了解企业项目的具体运作过程。此外，在这种模式中还可能包含一些校外的实践教学环节，主要有两种方式：一是将表现优秀的学生直接派往企业进行参观实习，在企业的文化环境中提高自身的实践能力和素质；二是定期举办企业项目教学的讲座，邀请在理论和实践方面能力卓越的教师进行经验传授。计划在每个学年安排至少8场来自高校名师或企业高管的电子商务专题讲座，安排至少10个批次的学生深入电子商务企业参观学习。

电子商务下的企业项目整合教学改革立足于商务发展的大环境，适应了产业发展的需求，提高了学生的实践创新能力。在此种教学改革中，学生、教师、企业共同参与的机制促进了校企联合，有助于建立专门服务于电子商务的产学研基地。这就形成了企业、学生、教师多赢的局面，拓宽了学生的就业渠道，提高了电子商务专业学生的就业率。将电子商务课程与企业项目实践相结合，是一种以学生为主的教学方式，可以充分调动学生的积极性和主动性，此次教学改革的施行可以充分调动电子商务专业与其他院系之间的合作，实现资源的共享和最大化利用。

# 第六章　电子商务教学质量评价与监控体系

## 第一节　教学质量评价体系的构建与实施

### 一、电子商务教学质量评价体系的构建

#### （一）明确评价目标与原则

教学质量评价的核心目的在于通过系统、科学的评价，发现教学过程中存在的问题和不足，进而为教学方法的改进、课程内容的优化提供有力的数据支持。通过定期的评价，教师可以及时了解学生的学习反馈，调整教学策略，使电子商务课程的教学更加贴近学生的实际需求，提高他们的学习兴趣和实际应用能力。教学质量评价不仅应关注学生的知识掌握情况，而且应重视学生的能力培养和素质提升。在电子商务领域，这包括但不限于信息技术应用能力、创新思维能力、团队协作能力、跨文化沟通能力等。评价体系应能全面反映学生在这些方面的发展情况，引导教师关注学生的综合素养，为学生的全面发展提供有力的保障。

评价体系的构建必须基于科学的教育理论和教学评价方法，要求在设计评价指标时，充分考虑电子商务教学的特点和规律，确保每一项指标都能真实反映教学质量的某个方面。同时，评价过程中应采用定性与定量相结合的方法，以增强评价的准确性和说服力。评价必须客观公正，避免主观偏见和人为因素的干扰。为实现这一点，可以借助标准化的评价工具和流程，确保数据的真实性和可靠性。此外，评价过程中还应注重收集多方面的信息，包括学生的反馈、教师的教学日志等，以形成对教学质量的全面、客观评价。教学质量评价应涵盖电子商务教学的各个方面，如课程内容、教学方法、师

生互动和学习资源等。这要求在设计评价指标时，要充分考虑这些因素，确保评价体系的全面性和系统性。通过全面的评价，可以更准确地了解教学的整体效果，为教学改进提供有力的支持。评价体系不仅要有理论上的完善性，而且要具有实际操作性。这意味着在设计评价指标和方法时，要充分考虑其在实际应用中的可行性和便捷性。例如，可以采用问卷调查、课堂观察、学生作品分析等多种方法收集数据，以确保评价过程的顺利进行。

**（二）确定评价指标**

评价教学内容，要考查其是否紧跟电子商务行业的最新动态和技术发展。这意味着教材内容应定期更新，以反映行业的最新趋势和实践案例。例如，随着大数据、人工智能等技术在电商领域的广泛应用，相关内容应及时纳入教学体系。此外，课程设计也应着重培养学生对于这些新兴技术的理解和应用能力，确保他们在毕业后能够迅速适应行业的变化。课程设计是教学质量的关键环节，直接影响到学生的学习效果和职业发展。一个科学合理的课程设计应当遵循学生的认知规律，由浅入深、循序渐进地介绍电子商务的各个方面。同时，课程设计还应注重理论与实践的结合，通过案例分析、项目实践等方式，让学生在实际操作中深化对理论知识的理解。

教师需要灵活运用案例分析、小组讨论、角色扮演等多种教学方法，以激发学生的学习兴趣和主动性。同时，通过增加课堂互动，鼓励学生提出问题、发表观点，可以进一步增强学生的参与感和归属感，从而提升教学效果。随着信息技术的不断发展，现代化的教学手段在电子商务教学中发挥着越来越重要的作用。利用多媒体技术、网络教学平台等现代化手段，可以更加直观、生动地展示电子商务的相关知识和操作流程。此外，通过网络教学平台，学生可以随时随地进行自主学习和互动交流，教师也可以及时获取学生的学习反馈，从而调整教学策略。这种现代化的教学手段不仅提高了教学效率，而且为学生提供了更加便捷、高效的学习体验。

**（三）设计评价量表**

1. 定量评价设计

在设计量表时，要对每个评价指标进行量化处理。例如，针对"教学内容与课程设计"的评价指标，可以设定几个具体的量化问题，如"课程内容是否涵盖电子商务最新发展动态"（1—5分，1分表示很少涵盖，5分表示全面涵盖）、"课程设计是否符合学生认知规律"（1—5分，1分表示不符合，5分表示非常符合）等。这样，评价者可以根据实际情况对每个问题进行打分，从而实现量化评价。不同的评价指标在教学质量评价中的重要性可能不同。在设计量表时，需要为每个评价指标分配合理的权重。权重的分配可以基于专家咨询、教学经验、统计分析等方法来确定。通过权重的分配，可以更准确地反映各个评价指标对教学质量的影响程度，从而得到更客观、科学的评价结果。

2. 定性评价设计

在设计量表时，可以为每个评价指标设置开放性的问题或提供描述性选项，以便评价者能够详细地表达他们的观察和感受。例如，在"教学方法与手段"的评价指标中，可以设置问题，如"请描述教师在教学中采用了哪些有效的教学方法""请列举教师在教学中使用的教学手段及其效果"。定性评价的结果往往包含丰富的信息，需要对其进行深入的解读与分析。可以采用内容分析、主题分析等方法，对评价者的描述进行归类、总结和提炼。通过对定性评价结果的解读与分析，可以更深入地了解教学质量的具体情况，发现存在的问题和改进的方向，为教学改进提供有力的依据。表6-1为本科院校电子商务课程教学效果评价指标。

表6-1　本科院校电子商务课程教学效果评价指标

| 评价指标 | 内容 |
|---|---|
| 教学方法<br>与手段 | 教学方法与手段具有创新性且灵活多样 |
| | 启发式教学等教学方法的使用促进了师生互动 |
| | 教学方法与手段生动直观，能够启发思维 |
| | 教学过程中积极拓展与课程相关的知识 |
| | 教学方法实现了理论与实践相结合 |
| 教学能力 | 授课教师语言生动简洁，学生能够清楚地了解知识内容 |
| | 授课教师教态自然大方，行为举止得体 |
| | 授课教师授课概念清楚准确 |
| | 课程的理论深度与知识广度适中 |
| | 对课程重点知识重点讲解 |
| | 授课教师备课认真充分 |

| 评价指标 | 内容 |
|---|---|
| 教学态度 | 授课教师充分准备教学方案，认真授课 |
| | 授课教师教学目标明确 |
| | 授课教师具备较高的职业道德素质 |
| 教学管理 | 严格要求授课教师的教学能力与教学素养 |
| | 授课教师善于组织与管理课堂纪律 |
| | 授课教师在实训课上耐心辅导学生 |
| 教学质量 | 学生学习成绩情况 |
| | 学生学习能力的培养情况 |
| | 学生学习收获情况 |
| | 学生对课程的兴趣程度 |

## 二、电子商务教学质量评价体系的实施

### （一）数据收集与整理

通过设计针对教师、学生和教学管理人员的问卷，可以广泛地收集关于教学内容、教学方法、教学态度、学习效果等方面的信息。问卷设计应遵循科学、客观、全面的原则，确保问题表述清晰、选项设置合理，以便获取真实有效的数据。教学观摩是指评价者直接进入课堂，实地观察教师的教学过程和学生的学习状态。通过教学观摩，可以直观地了解教师的教学风格、课堂管理能力及与学生的互动情况等。这种方法能够获得第一手的教学现场资料，为后续的评价工作提供有力的实证支持。学生是教学活动的直接参与者，他们的反馈对于评价教学质量具有重要意义。通过定期组织学生座谈会、个别访谈或设置在线反馈渠道，可以收集到学生对教学内容、教学方法、教师表现等方面的真实看法和建议。这些反馈不仅反映了学生的学习体验，而且为教学改进提供了宝贵的参考。

在整理过程中，应确保数据的完整性和准确性，剔除无效或重复数据，将有效信息按照评价指标进行分类和汇总。同时，为了便于后续分析，可以采用表格、图表等形式对数据进行可视化处理。数据分析是评价工作的核心环节。通过运用统计分析、内容分析、比较分析等方法，可以深入挖掘数据背后的规律和问题。例如，利用统计分析软件对问卷调查

数据进行处理，可以计算出各个评价指标的得分情况；通过内容分析法对教学观摩和学生反馈中的文本信息进行归纳与总结，可以提炼出教学中的优点和不足。数据分析完成后，需要对结果进行专业的解读。这包括识别教学质量中的关键问题、分析问题的成因、提出有针对性的改进建议。同时，将评价结果及时反馈给相关教师和学生，以便他们了解自身在教学和学习过程中的表现，并据此进行调整和改进。

**（二）实施评价**

第一，在进行数据评价时，评价者必须坚守客观公正的原则。评价者不能受个人偏见、情感倾向、外部压力的影响。为了实现这一点，评价者应具备专业素养，明确评价标准和程序，并严格遵守。此外，采用多人评价或专家小组评价的方式，可以进一步增强评价的客观性和公正性。通过这种方式，可以确保每个被评价对象都得到公平对待，评价结果也更具可信度。评价结果的准确性是评价工作的生命线。为了确保准确性，评价者需要对收集到的数据进行仔细审查，验证其真实性和完整性。在评价过程中，应使用科学的统计方法和分析工具，以减少人为误差。同时，对于数据中的异常值或矛盾之处，评价者应进行深入调查，以确定其背后的原因，并做出合理的判断。只有这样，才能得出真实反映教学质量的评价结果。

第二，通过向相关教师和学生提供及时、具体的反馈信息，可以帮助他们更好地了解自身在教学和学习过程中的表现。这种反馈不仅有助于教师和学生认识自己的优点与不足，而且能为他们提供改进的方向和动力。评价者应在评价完成后尽快将结果反馈给相关人员，以确保信息的时效性和有效性。在提供反馈时，评价者应注意反馈的针对性和建设性。针对性意味着反馈应针对每位教师或学生的具体情况，突出个性和差异。建设性则要求反馈不仅要指出问题，而且要提供可行的改进建议和解决方案。这样的反馈才能真正帮助教师和学生实现自我提升，进而提升教学质量和学习效果。

**（三）结果分析与反馈**

通过对评价结果的深入分析，可以系统地识别出教学质量中存在的问题，这些问题可能涉及教学内容的时效性、课程设计的合理性、教学方法的有效性、教学环境的适宜性等多个方面。例如，如果发现学生在某些核心知识点上的掌握情况不佳，那么可能意味着相关的教学内容或教学方法需要调整。在识别出教学质量问题后，进一步剖析这些问题的原因是关键。原因可能包括教师教学理念的偏差、教学资源的不足、学生学习态度的消极等。通过深入分析，可以更准确地定位问题的根源，从而为后续的改进措施提供明确的方向。对于教师而言，这些反馈可以帮助他们更清晰地认识到自己在教学过程中的优点和不足，从而调整教学方法和策略。对于学生而言，这些反馈可以让他们了解自己的学习状况，引导他们调整学习态度和方法，提高学习效率。评价结果不仅对教师和学生有指导意义，而且是学校教学管理和决策的重要依据。学校可以根据评价结果调整教学资源的分配，优化课程设置，提升教学质量。同时，这些结果还可以为学校制订长远的教学发展规划提供数据支持。此外，评价结果的有效利用需要建立一个良好的反馈机制。这个机制应该确保评价结果得到及时、准确传达，并促进教师、学生和学校管理者之间的有效沟通。只有这样，才能确保教学质量评价成为推动教学质量提升的有力工具。表6-2、表6-3、表6-4为电子商务教学质量评价体系。

表6-2　教师教学质量评价

| 一级指标 | 二级指标 | 简要说明 |
|---|---|---|
| 教学态度 | 责任心、敬业精神、师生互动 | 教师对待教学的认真程度，与学生交流的频率与效果 |
| 教学内容与方法 | 课程内容的适用性、前沿性；教学方法的创新性 | 课程内容是否满足市场需求，教学方法是否多样且有效 |
| 实践能力与经验 | 教师的电子商务实践经验、行业背景 | 教师是否具备丰富的实践经验和行业背景，能否有效指导学生实践 |
| 教学效果 | 学生满意度、学生能力提高情况 | 通过问卷调查、考试成绩等方式评估学生对教学效果的满意度和自身能力的提高 |

表6-3  学生学习质量评价

| 一级指标 | 二级指标 | 简要说明 |
|---|---|---|
| 知识掌握程度 | 理论知识考试成绩、实践操作成绩 | 通过考试、项目作业等方式评估学生对电子商务理论知识的掌握程度和实践能力 |
| 实践能力与创新精神 | 参与项目、竞赛情况；创新能力表现 | 学生参与电子商务项目、竞赛的经历及成果，以及在日常学习中展现的创新能力 |
| 学习态度与习惯 | 出勤率、作业完成情况、课堂参与度 | 评估学生的学习纪律、主动性和自我管理能力 |
| 综合素质与团队协作 | 团队协作能力、沟通能力、解决问题的能力 | 通过团队项目、案例分析等方式评估学生的综合素质和团队协作能力 |

表6-4  教学管理质量评价

| 一级指标 | 二级指标 | 简要说明 |
|---|---|---|
| 教学计划与执行 | 教学大纲的合理性、教学进度的把控 | 教学大纲是否科学、全面，教学进度是否按计划顺利进行 |
| 实践教学条件 | 实验室设备、实训基地建设、网络资源 | 评估学校为电子商务教学提供的硬件和软件条件是否满足教学需求 |
| 教学管理制度与规范 | 教学管理制度的完善性、执行力度 | 学校是否有完善的教学管理制度，且这些制度是否得到有效执行 |
| 教师培训与发展 | 教师培训计划、学术交流机会、激励机制 | 学校是否为教师提供了足够的培训和发展机会，以提升教学质量 |
| 校企合作与产教融合 | 与企业合作情况、实习实训基地建设、产学研合作 | 学校与企业之间的合作紧密度，以及实习实训基地的建设情况，是否有效促进产教融合 |

# 第二节  学生学习成效的多元化评估方法

## 一、课堂表现评估

### （一）课堂参与度的重要性及其表现

课堂参与度是衡量学生在学习过程中是否积极、主动的一个重要指标。通过观察学生在课堂上的活跃程度，包括他们提问的频率、参与讨论的深度和小组合作中的表现，教师可以直观地了解到学生对课程内容的兴趣和投入程度。例如，一个积极参与课堂讨论、经常提出问题或见解的学生，通常对课程内容有着浓厚的兴趣，愿意主动思考和探索。相反，那些在课堂上保持沉默，对讨论和提问不积极的学生，可能对学习内容缺乏兴趣，或者在学习上遇到了困难。高度的课堂参与度不仅意味着学生对学习内容的关注，而且能促进他们的思维发展和能力提高。在提问和讨论的过程中，学生需要组织语言、表达观点、倾听他人并做出回应，这些活动都有助于锻炼他们的逻辑思维、批判性思维和沟通交流能力。同时，通过小组合作解决问题，学生还能学会团队协作和分工，提高解决实际问题的能力。学生的课堂参与度也是教师评估教学效果和调整教学策略的重要依据。如果学生在课堂上表现出较高的参与度，说明教师的教学内容和方法能够吸引学生的兴趣，激发他们的学习动力。如果学生的参与度低，教师则需要反思自己的教学方法是否过于单一或枯燥，是否需要考虑引入更多元化、互动式的教学手段，提高学生的参与度。

**（二）课堂测验与作业的作用**

通过随堂测验，教师可以及时了解学生在课堂上的学习成效，判断他们是否理解了核心概念、原理和方法。课后作业则能够进一步巩固和拓展课堂所学知识，帮助学生形成系统的知识体系和解决问题的能力。这些测验和作业的结果不仅反映了学生的学习进度和理解程度，而且为教师提供了调整教学进度和难度的依据。在完成这些任务的过程中，学生需要主动回顾课堂内容、查阅相关资料、思考问题并寻求解决方案。这些活动都有助于加深他们对知识的理解和记忆，提高他们的自主学习能力。同时，通过反复练习和巩固，学生还能够更好地掌握和运用所学知识，为未来的学习和职业发展奠定坚实的基础。在规定的时间内完成并提交作业，这要求学生具备一定的时间管理能力和自我约束能力。通过不断实践和锻炼，学生可以逐渐形成良好的学习习惯和自律精神，这对于他们的全面发展具有重要意义。

**（三）课堂参与度与课堂测验、作业的综合运用**

在实际的教学过程中，教师面临着如何全面且客观地评估学生学习情况的挑战。为了实现这一目标，综合运用课堂参与度、课堂测验、课后作业等多种评估方式显得尤为重要。课堂参与度是衡量学生学习状态的一个关键指标，不仅能够反映出学生对课程内容的兴趣程度，而且能够体现出学生的学习主动性和积极性。通过设计富有吸引力的教学活动，鼓励学生积极参与课堂讨论和互动，教师可以有效地激发学生的学习热情和内在动力，进而促进他们的全面发展。与此同时，课堂测验作为检验学生学习成效的直接手段，其重要性不言而喻。通过定期进行课堂小测，教师可以及时了解学生对知识点的掌握情况，发现学生可能存在的理解误区或学习短板。这种即时的反馈机制为教师提供了调整教学策略的宝贵依据，使他们能够有针对性地加强某些知识点的讲解，或者采用更为生动有效的教学方法来帮助学生克服困难。课后作业是巩固和深化课堂学习的必要环节。通过认真批改学生的作业，教师可以进一步了解学生在独立应用知识时遇到的问题，以及他们解决问题的思路和方法。这不仅有助于教师对学生的个性化学习需求有更深入的认识，而且能够引导学生反思自己的学习过程，培养自主学习和解决问题的能力。将课堂参与度、课堂测验和课后作业这三种评估方式有机结合，可以形成一个全面、立体的学生评价体系。这种综合评价方式不仅能够提升教学质量和效果，确保学生在各个学习阶段都能得到恰当的指导和帮助，而且能够为学生的未来发展奠定坚实的基础，使他们在面对更加复杂多变的学习环境时，能够游刃有余地应对挑战，持续不断地进步和成长。

## 二、实践操作能力评估

### （一）实验室操作的重要性及评估标准

通过实验室操作，学生可以模拟真实的电子商务环境，进行平台使用、数据分析等实际操作，从而加深对理论知识的理解，并提高解决实际问题的能力。这种实践性的学习方式不仅有助于巩固学生的专业知识，而且能培养他们的创新思维和动手能力。在实验室操作中，评估学生操作的熟练程度是至关重要的。熟练程度主要体现在学生对电子商务平台各项功能的掌握程度及操作速度上。熟练程度高的学生应该能够迅速而准确地完成各项操作，如商品上架、订单处理、客户管理等。通过观察学生在实验室中的操作过程，教师可以对学生操作的熟练程度进行客观评价，并针对不足之处给予指导。除了熟练程度外，操作的准确性也是实验室操作中需要重点关注的方面。准确性主要体现在学生是否能够按照规范流程进行操作，并得出正确的结果。例如，在进行数据分析时，学生需要能够正确地选择分析方法、处理数据并得出准确的结论。准确性的评估不仅要求学生单次操作的正确性，而且强调他们在多次操作中的稳定性和一致性。[1]

**（二）项目完成情况的评估价值与方法**

通过参与实际项目，学生可以将所学知识应用于实践，解决实际问题，并提高自己的职业素养。对项目完成情况进行全面而客观的评估，对于培养学生的实践能力和创新精神具有重要意义。这包括学生对项目需求的准确理解、项目计划的合理制订、项目执行过程中的团队协作和问题解决能力。一个优秀的项目策划应该具备明确的目标、可行的实施方案和合理的资源分配。在项目执行过程中，学生需要展现出良好的组织协调能力和应变能力，以确保项目顺利进行。通过成果展示，学生可以全面而系统地呈现项目的实施过程、遇到的问题以及解决方案、最终取得的成果。在评估过程中，教师需要关注学生的展示技巧、内容的逻辑性和条理性、成果的创新性和实用性。一个优秀的成果展示应该能够清晰地传达项目的核心价值和意义，并体现出学生的专业素养和综合能力。

**（三）实验室操作和项目完成情况的综合分析**

实验室操作和项目完成情况作为电子商务专业学生实践能力评估的两个重要方面，需要综合分析以得出全面而准确的评价。通过对比学生在实验室操作和项目完成中的表现，教师可以发现他们在不同实践环节中的优势和不足，并据此制订个性化的辅导方案。同时，这种综合分析还有助于教师调整教学方法和策略，以更好地满足学生的实际需求并提高他们的实践能力。

---

① 王晶. 电子商务数据分析课程与学生实践能力培养融合性教学模式初探［N］. 河南经济报，2024-04-27（010）.

## 三、学术成果评估

### （一）学术论文的撰写与学生学习成效的评估

撰写与电子商务相关的学术论文，不仅是对学生知识储备和逻辑思维能力的挑战，而且是对其研究能力和创新思维的锻炼。学术论文要求学生能够针对某一具体问题或现象，进行深入的分析和探讨，从而提出新的观点或解决方案。这一过程不仅加深了学生对电子商务领域知识的理解，而且培养了他们的独立思考能力和创新精神。评估学术论文的质量和创新性是检验学生学习成效的重要标准。论文质量主要体现在论据的充分性、论证的严密性、语言的规范性等方面。创新性体现在学生是否能够提出新颖的观点、独特的研究方法或者具有前瞻性的解决方案。通过对论文质量和创新性的评估，教师可以准确地了解学生在电子商务领域的学术水平和发展潜力。撰写学术论文还要求学生具备整合多学科知识的能力。在电子商务领域，学生需要综合运用经济学、管理学、计算机科学等多个学科的知识来分析和解决问题。通过撰写论文，学生可以学会如何有效地整合这些知识，提高自己的综合素质和解决问题的能力。这种能力在未来的学术研究和职业生涯中将发挥重要作用。

### （二）学术竞赛与学生实践能力的评估

参与电子商务相关的学术竞赛，如电子商务创新大赛，是检验学生实践能力和团队合作精神的有效途径。学术竞赛通常要求学生针对实际问题提出创新性的解决方案，并在有限的时间内完成项目的策划、实施和展示。这一过程不仅锻炼了学生的实践操作能力，而且培养了他们的时间管理能力和团队协作精神。在竞赛中取得优异成绩的学生，通常具备扎实的专业知识、出色的创新思维和强大的实践能力。通过对比学生在竞赛中的表现，教师可以客观地评价他们的学习成效，并为他们提供有针对性的指导和建议。在竞赛过程中，学生需要学会如何与团队成员有效沟通、如何应对压力和挑战、如何展示自己的成果。这些经历将为他们未来的职业生涯奠定坚实的基础，使他们更加自信、从容地面对各种工作场景和挑战。

### （三）学术论文与学术竞赛的综合运用

在实际教学过程中，教师应鼓励学生既撰写学术论文又参与学术竞赛，以全面提升他们的学术水平，提高他们的实践能力。通过撰写论文，学生可以深入探究电子商务领域的某一具体问题，培养自己的研究能力和创新思维。通过参与竞赛，学生可以将所学知识应用于实践中，锻炼自己的操作能力和团队协作精神。这种综合运用的方法有助于培养更多具备创新精神和实践能力的电子商务人才。

## 四、综合素质评估

### （一）团队合作能力

在电子商务团队项目中，学生需要明确团队目标，积极参与团队活动，与团队成员共同承担责任和风险。通过观察学生在团队中的互动和协作情况，可以评估其是否具有集体主义精神和团队意识。一个优秀的团队成员应当在团队中发挥积极作用，促进团队协作，共同推动项目的进展。在电子商务团队项目中，学生需要学会倾听他人的意见和建议，尊重并理解团队成员的观点。同时，学生还应具备协调和解决团队内部冲突的能力，以确保项目的顺利进行。评估学生的协作能力时，应关注其在团队中的角色定位、任务分配、解决问题的方式等方面。一个具备良好协作能力的学生能够有效地促进团队成员之间的沟通与合作，提高团队的整体效能。团队合作能力还体现在学生在团队中的个人成长上。通过参与团队项目，学生应当学会如何在团队中发挥自己的优势，弥补自己的不足。此外，学生还应在团队合作中不断提升自己的专业技能，提高综合素质，为团队贡献更多的价值。评估学生的团队合作能力时，应关注其在团队中的成长与进步，以及其对团队整体绩效的贡献。

### （二）沟通表达能力

在电子商务领域，学生需要具备良好的口头报告和演讲技巧，以便在项目展示、商务谈判等场合有效地传递信息。评估学生的口头报告和演讲能力时，应关注其语言表达的流畅性、逻辑性、感染力。一个优秀的演讲者应当清晰地阐述观点，有条理地展开论证，并通过语言魅力吸引听众的注意力。除了口头表达外，书面报告也是评估学生沟通表达能力的重要方面。在电子商务领域，学生需要学会撰写各类报告、计划和总结等文档。评估学生的书面报告能力时，应关注其文字表达的准确性、规范性和条理性。一份优秀的书面报告应当清晰地呈现事实、数据和分析结果，为决策者提供有价值的参考信息。在电子商务团队项目中，学生需要学会与团队成员、导师和客户等进行有效沟通。评估学生的沟通技巧时，应关注其倾听能力、反馈能力、处理沟通障碍的能力。一个善于沟通的学生应当准确理解他人的意图和需求，及时给予恰当的回应，并在沟通中保持积极、开放的态度。

### （三）创新思维

鼓励学生提出创新的电子商务解决方案或想法，有助于培养其创新意识和实践能力。评估学生的创新思维时，应关注其提出方案的独特性、前瞻性、实用性。一个具备创新思维的学生应当敏锐地捕捉市场机遇，提出具有竞争力的电子商务解决方案。在评估学生的创新思维时，还应关注其创新性与实用性的平衡。一个优秀的创新方案不仅应具有新颖性，而且应具备可操作性和市场潜力。学生需要在深入理解电子商务市场需求的基础上，结合自身的专业知识和实践经验，提出既创新又实用的解决方案。在教学过程中，教师应注重激发学生的创新意识，鼓励其勇于尝试、敢于挑战传统观念。同时，教师还应为学生提供丰富的实践机会和资源支持，帮助其在实践中不断锤炼创新思维和解决问题的能力。通过持续地培养和引导，学生可以逐渐形成独特的创新思维模式和方法论体系，为未来的电子商务创新实践奠定坚实的基础。

## 五、社会评价与反馈

### （一）实习表现的重要性及其评估

在实习期间，学生需要将在校学习的理论知识与实践相结合，解决真实商务环境中的具体问题。通过观察学生在实习中的表现，可以评估其知识转化的能力，即学生能否有效地将理论知识应用于实际工作中，以及能否根据实际情况调整和完善自己的知识体系。实习不仅是知识应用的舞台，而且是学生职业素养的试验场。职业素养包括但不限于责任感、敬业精神、团队协作能力、解决问题的能力、自我管理能力等。在实习期间，学生需要遵守企业规章制度，与同事和上级有效沟通，按时完成工作任务，并对自己的工作质量负责。通过评估学生在这些方面的表现，可以全面了解其职业素养的实际情况。对学生的实习表现进行评估时，需要综合考虑多个方面，包括工作态度、工作质量、工作效率，以及与团队和上级的互动等。这种综合性的评估方式有助于全面、客观地了解学生在实习期间的整体表现，从而为学校教育和学生个人发展提供有价值的反馈。

（二）雇主反馈的价值与意义

雇主作为学生实习期间的直接管理者和指导者，对学生的工作表现有着最为直观和深入的了解。他们提供的反馈往往能够真实反映学生在实际工作环境中的能力、态度和潜力，从而为学校提供宝贵的教育改进建议。除了专业技能外，雇主反馈还常常关注学生的职业素养，如沟通能力、团队协作精神、解决问题的能力、创新思维等。这些方面的能力对于学生在未来职场中的成功至关重要。通过收集雇主的反馈，学校可以更加全面地了解学生的综合素质，从而有针对性地加强相关教育和培训。雇主反馈不仅是对学生个体的评价，而且是就业市场对人才需求的一种反映。通过分析雇主的反馈意见，学校可以洞察到当前就业市场对学生能力和素质的具体要求，进而调整教育内容和方式，以更好地培养出符合市场需求的人才。这种与市场的紧密对接有助于提升毕业生的就业竞争力和学校的办学质量。

（三）实习表现与雇主反馈的综合运用

在实际教学过程中，应将学生的实习表现和雇主反馈相结合，以便更全面地评估学生的实际应用能力和职业素养。通过对比学生在实习期间的表现和雇主的反馈意见，可以发现学生在哪些方面表现优秀、哪些方面还有待提升。这种综合运用的方法有助于学校更加精准地把握学生的能力状况和发展需求，从而为他们提供更具针对性的教育和指导。同时，学校还应积极与雇主沟通合作，共同制订实习计划和评估标准，确保实习过程的有效性和评估的客观性。通过与雇主的深度合作，学校可以及时了解行业动态和人才需求变化，不断优化教育内容和方式，以培养出更多符合市场需求的高素质人才。

## 第三节　教学质量监控机制的创新与智能化应用

### 一、教学质量监控机制的创新

#### （一）监控理念的转变

在新的监控机制中，强调以学生为中心的教学质量评价是对传统监控模式的重要补充和完善。学生的学习过程和结果直接反映了教学的实际效果，因此应将其作为评价教学质量的重要依据。通过关注学生在学习过程中的表现、进步和反馈，能够更准确地了解教学的真实情况，从而及时调整教学策略，更好地满足学生的学习需求。以学生为中心的教学质量评价不仅关注学生的学习成绩，而且重视他们的学习能力、学习态度及学习过程中的情感体验。这种评价方式更加全面、深入，能够真实地反映教学的实际效果，为教学改进提供有力的依据。学习的进步是衡量教学效果的直观指标，能够直接反映教学目标的实现程度。通过定期评估学生的学习进步，可以及时了解教学的成效，发现教学中存在的问题，以便进行有针对性的改进。同时，学生的反馈也是教学质量监控中不可或缺的一部分。学生作为教学的直接受益者，对教学的感受和评价具有重要的参考价值。通过收集和分析学生的反馈，可以了解学生对教学的满意度、对教学内容和方法的理解程度，以及他们的学习需求，从而为教学改进提供有力的支持①。

#### （二）实时反馈机制

实时反馈机制的引入使得教学过程中出现的问题能够迅速被发现并得到处理，大大增强了教学质量管理的时效性。通过定期的学生调查，可

---

① 魏梅. 本科院校电子商务课程教学效果评价指标体系的构建［J］. 黑龙江科学，2024，15（1）：72-74.

以及时了解学生对教学内容、方法以及教师表现的看法和建议，从而迅速做出调整，满足学生的学习需求。教师自评和互评的方式，不仅有助于教师自我反思和提升，而且能促进教师之间的经验交流和互相学习。通过这种方式收集到的反馈，能够让教师更加清晰地认识到自己在教学中的长处和不足，进而调整教学策略，使之更加符合学生的实际情况和学习需求。这种针对性的增强对于提升整体教学质量具有显著意义。通过实时反馈机制，教师能够在教学过程中及时发现问题，如学生对某些知识点的理解困难、教学方法的不适宜等。这些问题的及时发现为调整教学策略提供了契机，避免了问题的累积和恶化。实时反馈机制不仅关注当前的教学问题，而且注重教学质量的持续改进。通过不断收集和分析反馈数据，可以发现教学中的规律性问题，从而进行系统性的改进。这种持续性的改进过程有助于不断优化教学方法，提升教学效果。

## 二、智能化应用在教学质量监控中的实践

### （一）大数据分析与挖掘

通过大数据技术，能够收集并分析学生在学习过程中产生的各种数据，如学习时长、访问频率、互动次数等。这些数据背后隐藏着学生的学习习惯、兴趣点和难点等重要信息。例如，通过对学生在线学习平台的使用数据进行分析，可以发现哪些时间段是学生的学习高峰、哪些知识点是他们反复学习却仍难以掌握的，以及哪些学习资源更受学生欢迎等。这些信息对于教师来说具有极高的价值。教师可以根据学生的学习习惯和兴趣点，调整教学内容和方法，贴近学生的实际需求。同时，针对学生的难点，教师可以进行重点讲解和辅导，帮助学生更好地理解和掌握知识。这种个性化的教学建议不仅能够提升教学效果，而且能够激发学生的学习兴趣和积极性。

除了对当前教学数据的分析外，大数据技术还可以用于对历年教学数据的挖掘和比较。通过对历史数据的分析，可以发现教学中的一些规律性问题，如哪些知识点在不同年级、不同专业的学生中普遍存在困难，哪些教学方法在实践中效果不佳等。更重要的是，基于对历史数据的深入挖

掘，大数据技术还可以帮助预测未来教学中可能出现的问题。例如，通过对比历年学生的学习数据，可以预测下一届学生在某些知识点上可能遇到的困难，从而提前制订相应的教学策略和辅导计划。这种预测能力对于提升教学质量、预防教学事故的发生具有重要意义。

### （二）智能教学辅助系统

智能教学辅助系统通过深度学习和数据分析技术，能够根据学生的学习习惯、能力水平、兴趣爱好，智能推荐个性化的学习资源。这种资源的推荐不仅限于传统的课本和教辅材料，还包括在线课程、互动练习、模拟考试等多样化的学习资源。系统通过对学生学习数据的持续跟踪和分析，不断优化推荐算法，确保每名学生都能获得最适合自己的学习材料。此外，这类系统还能根据学生的学习进度和反馈，智能制订或调整学习计划。通过设定明确的学习目标和时间规划，系统帮助学生更有条理地进行学习，避免了盲目性和随意性。这种个性化的学习计划不仅可以提高学生的学习效率，而且可以培养他们的自主学习能力和时间管理能力。

系统通过监测学生的学习活动，如答题正确率、学习时长等，即时给出学习效果的评估和建议。这种实时反馈机制让学生及时了解自己的学习状态，发现不足并调整学习策略。对于教师而言，智能教学辅助系统更是一个得力的助手。系统通过大数据分析，为教师提供全班或个别学生的学习报告，帮助他们更精准地把握学生的学习状况。教师可以根据这些报告，有针对性地进行辅导和干预，提升教学效果。同时，系统还能减轻教师的日常工作负担，如成绩统计、学习进度跟踪等，让他们有更多的时间和精力关注学生的个性化需求与发展。

### （三）在线评估与反馈系统

学生可以通过系统进行自主练习和测试，及时了解自己的学习情况和存在的问题。系统能够根据学生的答题情况，自动生成个性化的学习报告，详细展示学生在各个知识点上的掌握程度和进步情况。这种即时的反馈机制有助于学生更清晰地认识自己的学习状态，发现学习中的薄弱环节，从而有针对性地进行改进和提升。此外，系统还能根据学生的学习数据绘制出进步曲线，让学生直观地看到自己的学习成长轨迹。这种可视化的学习方式不仅增强了学生的学习动力，而且帮助他们更好地规划自己的学习路径和目标。教师可以通过系统实时获取学生的学习数据，包括答题正确率、学习时长、知识点掌握情况等，从而全面了解学生的学习状况。这些数据为教师提供了客观、准确的学情分析，有助于他们更精准地把握学生的学习需求和问题所在。基于这些实时学习数据，教师可以及时调整教学策略，针对学生的不同需求和特点进行个性化教学。例如，对于掌握程度一般的学生，教师可以加强辅导和练习；对于学习进度较快的学生，教师可以提供更高层次的学习资源和挑战。

### （四）云计算与物联网技术

云计算技术凭借其强大的数据存储、处理与共享能力，为教学资源的优化配置与高效管理开辟了新的途径。通过构建基于云计算的教学资源平台，各类教学资源如课件、视频、案例等得以集中存储与统一管理，这不仅极大地提高了教学资源的利用效率，而且增强了资源获取的便捷性，使得教师与学生能够随时随地访问所需资源，为电子商务教学提供了丰富多样的学习材料。与此同时，物联网技术的融入为教学设备的智能化管理与维护提供了可能。通过在教学设备中嵌入传感器与无线通信模块，物联网技术能够实时监控设备的运行状态、使用频率、故障情况，从而实现设备的远程监控与智能调度。这种实时监控机制确保了教学设备的正常运转，减少了因设备故障导致的教学中断。同时，通过对设备运行数据的分析，可以预测设备的维护需求，实现预防性维护，延长设备使用寿命，降低维护成本。

## 第四节　教学质量持续改进中的创新路径与机制优化

### 一、构建科学的教学质量评价体系

#### （一）多元化评价方法在教学质量评价中的运用

通过考试，可以直观地了解学生对知识的掌握程度和运用能力的高低。考试成绩并不能完全反映学生的学习情况，因此需要结合其他评价方式对学习情况进行综合评估。学生作为教学活动的直接参与者，对教学效果的评价具有极高的参考价值。通过收集学生的反馈意见，可以及时了解教学中的问题和不足，为教师提供改进的方向。同时，学生评价还能激发学生的学习积极性，增强他们的学习主动性。同行评审是指由具有相同或相似学科背景的教师对教学进行互相评价。通过同行评审，可以发现教学中的优点和不足，提出改进建议，并促进教师之间的相互学习和交流。这种评价方式有助于提升教师的教学水平，推动教学质量的持续改进。学校的教育质量和教学水平不仅关系到学生的未来，而且直接影响社会对学校的认可度。学校应定期邀请行业专家、企业代表等社会各界人士对教学质量进行评价，以便及时了解社会对学校教学的需求和期望，为教学改进提供有益的参考。

### （二）过程评价与结果评价的有机结合

在教学质量评价中，过程评价和结果评价是相互补充、相辅相成的两个方面。过程评价主要关注学生的学习过程和教师的教学过程，结果评价则更注重学生的学习成果和教学效果。只有将这两者有机结合，才能更全面地反映教学质量。过程评价强调对学生在学习过程中的表现进行观察和分析，包括学生的学习态度、学习方法、课堂参与度等方面。通过过程评价，教师可以及时了解学生的学习状况和问题，为后续的教学调整提供依据。同时，过程评价还能激发学生的学习兴趣和主动性，培养他们的自主学习能力和创新精神。结果评价主要关注学生的学习成果和教学效果，这包括学生的考试成绩、作品质量、实践能力等方面。通过结果评价，可以直观地了解教学的实际效果和学生的学习情况。结果评价并不能完全反映教学过程和学生的学习过程，因此需要进行综合评估。

## 二、优化课程设置与教学内容

### （一）课程设置的重要性及其优化策略

合理的课程设置不仅能够确保学生获得全面、系统的知识，而且能够为他们未来的职业发展奠定坚实的基础。随着科技的日新月异和社会的不断进步，传统的课程设置已经无法满足当代学生的需求，学校必须对课程设置进行持续的优化和调整。在优化课程设置的过程中，学校应注重课程的实用性。实用性意味着课程内容和实际应用的紧密结合，使学生能够将所学知识直接应用于未来的工作和生活中。为了实现这一目标，学校需要密切关注行业发展趋势和市场需求，根据这些外部因素灵活调整课程设置。例如，对于计算机专业的学生，学校可以设立与大数据、人工智能等前沿技术相关的课程，帮助学生更好地适应未来的职场环境。前瞻性要求学校不仅要关注当前的市场需求，而且要预测未来的发展趋势，并据此设置相应的课程。这样做可以确保学生在毕业后仍具备竞争力，能够应对不断变化的市场环境。为了具有前瞻性，学校需要加强与企业和行业的合作与交流，及时获取第一手的市场信息和行业动态。在当今知识爆炸的时代，单一学科的知识已经无法满足对复杂问题的解决需求。学校需要打破学科壁垒，促进不同学科之间的交流与合作，共同培养具有综合素质和创新能力的人才。例如，可以开设跨学科选修课程，鼓励学生选修不同领域的课程，以拓宽他们的知识视野和思维方式。

**（二）教学内容更新的必要性及其实施途径**

随着科技的快速发展和学科研究的不断深入，传统的教学内容已经难以跟上时代的步伐。学校和教师必须不断更新教学内容，以确保学生接触到的是最新、最前沿的知识体系。教师应时刻关注学科前沿动态，这意味着教师需要定期浏览专业期刊、参加学术会议、与同行进行交流等，以便及时了解最新的研究成果和行业动态。只有这样，教师才能将最新的知识引入课堂教学，确保教学内容的时效性和准确性。教学内容的更新还需要注重实践教学环节的设计与实施。实践教学是培养学生实践能力和解决问题能力的重要途径。通过实验、实训、实习等方式，学生可以亲身参与实际操作，将理论知识转化为实践技能。为了实现有效的实践教学，学校需要加强与企业和行业的合作，为学生提供更多的实践机会和资源。教学内容的更新还应注重培养学生的创新思维和批判性思维。教师需要在教学过程中引入更多的开放性问题、案例分析和项目实践等内容，激发学生的创新思维和批判性思维。同时，学校还可以开设创新创业课程，为学生提供更多的创新实践机会和指导。

### 三、教学质量持续改进中机制优化

#### （一）师资队伍建设机制优化

在电子商务教学质量持续改进的进程中，教师的专业发展与培训占据核心地位，是确保教学质量稳步提升的关键要素。为了全面提升教师的教学水平、提高其专业素养，构建一个系统化、持续性的教师专业发展与培训机制显得尤为重要。这一机制应涵盖多维度、多层次的培训内容，包括定期组织教师参与专业技能培训、前沿学术交流、专题研讨活动，旨在拓宽教师的知识视野，深化对电子商务领域最新理论与实践的理解。同时，积极鼓励教师投身于科研项目和教学改革实践中，通过实践探索与理论研究相结合的方式，不断提高自身的教学能力，提升科研水平，形成教学与科研相互促进的良性循环。此外，针对电子商务学科实践性强的特点，培养"双师型"教师成为提升教学质量的关键一环。所谓"双师型"教师，是指既具备扎实的理论功底，又拥有丰富实践经验的教师。为了实现这一目标，应高度重视教师实践能力的培养，通过鼓励教师到企业挂职锻炼、参与企业项目合作等多种途径，使教师能够深入电子商务行业一线，了解行业最新动态，积累宝贵的实践经验。这种实践经历不仅能够丰富教师的教学内容，提高其实践教学的能力，而且能够促进理论与实践的深度融合，为学生提供更加贴近行业需求的电子商务教育。综上所述，通过构建完善的教师专业发展与培训机制，以及重视"双师型"教师的培养，可以有效提升电子商务教师的教学水平，提高专业素养，为电子商务教学质量的持续改进奠定坚实的基础。

#### （二）教学资源的整合

1. 弹性学制与个性化教学

在高等教育日益强调个性化和差异化的背景下，弹性学制与个性化教学不仅是教育创新的体现，而且是对学生个体差异和学习需求的尊重。弹性学制，顾名思义，为学生提供了更为灵活的学习时间和进度安排。弹性学制允许学生根据自身情况（如学习能力、个人兴趣和未来规划等），灵活选择学习的路径和节奏。例如，通过实施学分制管理，学生可以在一定范围内自由选择课程，决定每门课程的学习时间和强度，甚至可以选择提前或延迟毕业。这种灵活性不仅减轻了学生的学业压力，而且有助于他们发掘和深化自己的兴趣领域。与此同时，个性化教学计划是对传统"一刀切"教学模式的革新。每名学生都是独一无二的个体，他们有着不同的学习风格、优势和挑战。个性化教学计划通过设立多样化的选修课程，为学生提供更广泛的选择空间。这些课程可能涵盖不同的专业领域，也可能注重培养学生的创新思维和批判性思考能力。学生可以根据自己的兴趣和职业规划，选择最适合自己的课程组合。这样的教学计划不仅能激发学生的学习兴趣和主动性，而且能培养他们的综合素质和未来发展的适应能力。

2. 教学质量监控与评估

一个完善的教学质量监控与评估体系能够全面、客观地反映教学效果，及时发现并改进教学中存在的问题。教学质量监控是一个持续的过程，贯穿于教学活动的始终。通过定期的教学评估，可以系统地收集和分析教师的教学表现、学生的学习成果、课程内容的适宜性等方面的数据。这些评估可以包括学生评价、同行评议、专家评审等多种形式，以确保评估结果的全面性和客观性。同时，学生的反馈也是教学质量监控的重要组成部分。他们的学习体验和感受直接反映了教学效果的好坏，因此，定期收集和分析学生的反馈意见对于改进教学方法与提升教学质量至关重要。此外，建立教学质量信息库是实现有效监控与评估的关键。这个信息库不仅存储历次评估的数据和结果，而且能对这些数据进行深入的统计分析，揭示教学中的规律和趋势。基于这些信息，教育机构可以及时调整教学策略，优化资源配置，从而确保教学质量的持续提升。同时，这个信息库也为外部评审提供丰富的数据和资料，增强了评审结果的可靠性和有效性。

（三）校企合作机制优化

通过构建与企业之间长期且稳定的合作关系，教育机构能够与企业共同推进实践教学、课程开发、师资队伍建设等多项工作，从而实现双方资源的有效共享与优势互补。这种合作模式不仅有助于教育内容的实时更新，使之与行业发展趋势保持同步，而且为学生提供了接触实际商业环境、参与真实项目的宝贵机会，从而极大地提高了他们的实践能力。为了进一步深化校企合作，建立一套定期沟通与交流的机制显得尤为重要。这一机制应确保双方能够就合作的具体内容、进度及遇到的问题进行及时且有效的沟通，从而共同制订并调整合作计划与实施方案。通过这样的紧密协作，可以确保校企合作项目的顺利进行，也可以根据行业发展的最新动态及时调整教学内容与方法，以保持教育的前瞻性和实用性。此外，实习实训基地作为校企合作的重要平台，其建设与管理同样不容忽视。为了切实提高学生的实践能力，应投入必要资源，建设一批高质量的实习实训基地。这些基地应尽可能模拟真实的电子商务环境，为学生提供丰富的实践机会。同时，必须加强对这些基地的管理与维护，确保它们能够正常运转并得到有效利用。这包括制定完善的基地管理制度、明确各方职责与权益、定期对基地设施进行检修与更新等，从而为学生创造一个安全、高效、贴近实际的实践学习环境，为他们的未来职业发展奠定坚实的基础。

**（四）教学管理与激励机制优化**

规范的教学管理是确保电子商务教学质量持续改进不可或缺的一环，它构成了教学质量提升的制度基石。为了实现教学质量的持续优化，必须构建一套完备且高效的教学管理制度与流程体系。这一体系应详细界定教学活动中各个环节的职责分配、工作要求及操作标准，确保从课程设计到教学实施再到教学评估的每一步都能有条不紊地进行。加强对教学过程的全面监控与科学评估，要求教育机构建立一套完善的监控与评估机制，通过定期收集教学反馈信息、开展教学质量评估活动、运用先进的数据分析工具，及时发现并准确评估教学中存在的问题与不足。基于这些评估结果，教育机构可以迅速采取有针对性的改进措施，从而不断优化教学内容与方法，提升教学效果。此外，激励机制的完善是激发教师教学积极性和创造性的关键。为了充分调动教师的教学热情和创新活力，应设计一套科学合理的激励机制。这一机制应明确奖励标准与程序，对在教学改革、课程建设、实践教学等方面取得显著成就的教师给予充分的表彰与奖励。同时，还应密切关注教师的职业发展需求，为他们提供多样化的晋升渠道和发展空间，如支持教师参加高级培训、参与学术交流活动、承担重要教学科研项目等。

# 第七章 电子商务产学研合作与产教融合模式

## 第一节 产学研合作在电子商务教育中的作用

### 一、促进理论与实践的结合

#### （一）产学研合作促进理论与实践的深度融合

在电子商务教育中，理论教学是基础，为学生构建电子商务的基本框架和知识体系。单纯的理论教学往往难以让学生深刻理解和掌握电子商务的实际运作。产学研合作的引入，正是为了弥补这一不足。通过与企业、研究机构的紧密合作，学校可以共同开发实践课程和项目，让学生在真实的商业环境中应用所学知识。这种合作模式不仅为学生提供了实践操作的机会，而且让他们在实践中深化对理论知识的理解。例如，通过分析真实的电子商务案例，学生可以更直观地了解电子商务的运营策略、市场推广、客户服务等方面的实际操作。同时，实践操作还能帮助学生发现理论学习中的盲点和不足，从而有针对性地进行补充和提升。理论教学与实践操作的深度融合，有助于培养学生分析问题和解决问题的能力。在实践中，学生会遇到各种意料之外的情况和问题，这要求他们灵活运用所学知识，创造性地提出解决方案。这种能力在未来的职业生涯中至关重要，它使学生能够迅速适应并应对市场的变化和挑战。

#### （二）产学研合作提升学生的实际操作能力

电子商务是一个实践性很强的领域，仅仅掌握理论知识是远远不够的。通过产学研合作，学生可以获得更多的实践操作机会，从而提高他们的实际操作能力。在企业实习或参与项目研究的过程中，学生可以亲身接触到电子商务的各个环节，如商品上架、订单处理、客户服务等。这些实际操作经验不仅让他们对电子商务的流程有了更直观的了解，而且锻炼了他们的动手能力和团队协作精神。此外，产学研合作还为学生提供了与业界专家面对面交流的机会。通过与专家的深入交流，学生可以了解到最新的行业动态和技术趋势，从而拓宽他们的视野和知识面。这种交流还能激发学生的创新思维，为他们未来的职业发展奠定坚实的基础。

### （三）产学研合作培养学生的综合素质

在快速发展的电子商务行业中，市场对人才的要求也在不断提高。产学研合作正是培养学生综合素质的有效途径之一。通过参与实践项目和企业实习，学生可以在实际工作中锻炼自己的沟通能力和团队协作能力。他们需要与团队成员紧密合作，共同完成任务，这要求他们具备良好的沟通技巧和团队协作精神。同时，面对不断变化的市场环境和客户需求，学生还需要不断创新和优化工作方案，这有助于培养他们的创新意识和解决问题的能力。产学研合作还能帮助学生更好地了解市场需求和行业趋势。通过与企业和研究机构的合作，学生可以及时获取第一手的市场信息和行业动态，从而调整自己的职业规划和未来发展方向。这种以市场需求为导向的人才培养模式能够提升学生的就业竞争力，使他们在未来的职业生涯中更好地适应市场需求并实现个人价值。

## 二、推动电子商务技术创新

### （一）产学研合作汇聚多元资源，催生技术创新

产学研合作的核心价值在于其能够汇聚来自产业、学术界与研究机构的多元资源。学校和研究机构通常拥有丰富的科研资源与深厚的理论基础，能够为电子商务技术的创新提供强大的智力支持。这些机构中的研究人员和学者通常处于科技前沿，对新兴技术和理论有着深刻的理解与独到的见解。与此同时，企业拥有敏锐的市场洞察力和丰富的实践经验。它们对市场需求有着准确的把握，能够快速将学术研究成果转化为具有市场竞

争力的产品或服务。在产学研合作中，企业能够为学校和研究机构提供宝贵的市场反馈与实际应用场景，确保技术研发的方向更加符合市场需求。通过产学研合作，这些原本分散的资源得以有效整合，形成强大的合力，共同推动电子商务技术的创新。各方在合作中能够充分发挥各自的优势，实现资源共享和优势互补，从而催生出更多具有创新性和实用性的电子商务技术。

### （二）产学研合作加速科技成果转化，推动产业升级

科技成果转化是产学研合作中的重要环节。在传统的科研模式下，许多优秀的科技成果往往因为缺乏实际应用场景或市场推广而难以转化为实际生产力。通过与企业紧密合作，学校和研究机构的科技成果能够迅速找到实际应用场景，并在企业的助力下快速推向市场。这种合作模式不仅缩短了科技成果从研发到应用的周期，而且大大提升了科技成果的转化率和市场成功率。随着越来越多的科技成果成功转化为实际生产力，电子商务行业的技术水平得到了显著提升。新技术的广泛应用推动了电子商务行业的产业升级，使得整个行业更加高效、便捷和安全。同时，新技术的应用还为消费者带来了更好的购物体验，进一步促进了电子商务市场的繁荣发展。

### （三）产学研合作提升企业市场竞争力，为行业注入新活力

产学研合作不仅推动了电子商务技术的创新，而且为企业带来了显著的市场竞争优势。通过参与产学研合作，企业能够及时获取最新的科技成果和创新理念，从而提升自身的技术实力和产品竞争力。此外，产学研合作还为企业提供了与同行交流和学习的平台。在合作过程中，企业可以借鉴其他成功企业的经验和做法，不断完善自身的经营策略和管理模式。这种持续的学习和改进有助于企业在激烈的市场竞争中保持领先地位，实现可持续发展。随着越来越多的企业参与产学研合作，整个电子商务行业也焕发出新的活力。新技术的不断涌现和应用推动了行业的快速发展，为消费者提供了更加丰富多样的购物选择和更好的购物体验。同时，产学研合作还促进了行业内部的良性竞争和合作共赢，为电子商务行业的长远发展奠定了坚实的基础。

## 三、培养符合市场需求的人才

### （一）产学研合作促进教育内容与市场需求相匹配

在快速变化的市场环境中，电子商务行业对人才的需求也在不断演变。学校通过与企业的紧密合作，能够及时捕捉到市场动态和行业需求的第一手信息。这些信息对于学校调整教学计划和课程设置至关重要，能够确保教育内容与当前的市场需求紧密契合。具体而言，学校可以根据企业反馈的市场趋势和行业需求，有针对性地优化电子商务专业的课程体系。例如，增加与新兴技术、消费者行为、数据分析等相关的课程内容，以培养学生具备行业所需的核心技能和知识。这种以市场需求为导向的课程设置不仅增强了教育的针对性和实用性，而且有助于学生在未来的职业生涯中更好地适应市场变化。

### （二）产学研合作为学生提供实践机会，深化行业认知

在产学研合作中，企业可以为学生提供宝贵的实习和就业机会。通过参与企业的实际运营项目，学生能够亲身感受电子商务行业的真实运营环境，从而深化对行业现状和未来发展趋势的理解。实习和工作经验对于学生未来的职业发展具有举足轻重的意义。在企业实习期间，学生可以将所学理论知识应用于实际工作中，提高自己的实践操作能力。同时，他们还能与业界专业人士进行互动交流，拓宽视野，提升对行业的认知。这种实践经验不仅有助于学生更好地了解行业需求和挑战，而且能为他们在未来的求职过程中提供有利的竞争优势。

### （三）产学研合作提升学生的就业竞争力

产学研合作以市场需求为导向，致力于培养具备实际操作技能和行业洞察力的电子商务人才。通过这种合作模式培养出的学生，不仅具备扎实的专业知识，而且拥有丰富的实践经验和良好的职业素养。这些优势使得他们在求职过程中更具竞争力，更容易获得企业的青睐。此外，产学研合作还为学生提供了广泛的职业网络。在合作过程中，学生有机会接触到来自不同领域的企业和行业专家，从而建立起宝贵的职业联系。这些联系在学生未来的职业发展中可能转化为宝贵的资源和机会，帮助他们实现更好的职业发展。

## 四、拓展教育资源与平台

### （一）产学研合作为电子商务教育引入更多优质资源

通过与企业、研究机构的紧密合作，学校可以接触到更多的教育资源。例如，企业可以提供实战经验丰富的讲师，他们不仅具备深厚的行业知识，而且能分享真实的商业案例和实践经验。这些宝贵的经验对于提高学生的实际操作能力和解决问题的能力至关重要。此外，研究机构通常拥有先进的电子商务平台和工具，这些都可以成为电子商务教育的重要资源。学生通过使用这些平台和工具，能够更直观地了解电子商务的运营流程和技术应用，从而提高他们的实践操作能力。产学研合作使得这些原本难以触及的资源得以进入教育领域，极大地丰富了电子商务教育的内容。

### （二）产学研合作提升电子商务教育的教学质量

教学质量的提升是产学研合作带来的另一大显著效益。通过引入企业和研究机构的资源，学校可以更新与完善自己的教学体系和课程内容。实战经验丰富的讲师和先进的电子商务平台使得教学更加贴近实际，更具针对性和实用性。同时，产学研合作还促进了教学方法的创新。在传统的电子商务教育中，理论教学往往占据主导地位，实践教学则相对较少。在产学研合作的模式下，实践教学得到了更多的重视和强化。学生通过参与实际项目，不仅能够加深对理论知识的理解，而且能够在实践中培养解决问题的能力。这种理论与实践相结合的教学方法无疑会大幅提升电子商务教育的教学质量。

### （三）产学研合作推动教育资源的共享和优化配置

在产学研合作的框架下，学校、企业、研究机构之间建立了紧密的联系和沟通机制。这不仅为各方提供了信息共享的平台，而且促进了教育资源的共享和优化配置。例如，学校可以了解到企业和研究机构在电子商务领域的最新动态和技术进展，从而及时调整自己的教学计划和课程设置。同时，企业也可以利用学校的教育资源和研究成果来提高自己的创新能力和市场竞争力。此外，产学研合作还推动了教育资源的跨界融合。在合作过程中，各方可以共同研发新课程、新教材，甚至共同建立实验室和实训基地。这种跨界融合不仅优化了教育资源的配置，而且为培养复合型人才提供了有力支持。①

## 五、增强学生的社会责任感

### （一）产学研合作通过实践提升学生专业技能

在产学研合作的框架下，学生有机会直接参与和电子商务相关的实际项目。这种实践机会对于提升学生的专业技能至关重要。首先，通过亲身参与，学生能够更加深入地了解电子商务的运营流程、技术应用和市场动态。其次，实际操作中遇到的问题和挑战将促使学生不断学习和探索，进而提高他们解决问题的能力和创新能力。最后，与企业和研究机构的合作，还能使学生接触到最前沿的电子商务技术和理念，从而保持其专业技能的先进性和实用性。

### （二）产学研合作引导学生认识电子商务的社会经济影响

在与企业和研究机构的合作过程中，学生将不可避免地接触到更多的实际问题和社会挑战。例如，电子商务如何影响传统商业模式、如何改变消费者行为、如何推动社会经济的发展等。这些问题不仅涉及电子商务行业的核心技术，而且与其对社会经济的影响密切相关。通过分析和解决这些问题，学生能够更加深刻地理解电子商务行业的重要性，以及它在当今社会经济结构中的关键作用。

### （三）产学研合作培养学生的社会责任感

通过产学研合作，学生不仅提升了专业技能，而且在实践中培养了社会责任感。一方面，学生在解决实际问题的过程中，会深刻体会到自己的知识和技能可以为社会和行业带来实实在在的价值。这种价值感将激发学生更加努力地学习和实践，以期在未来的职业生涯中做出更大的贡献。另一方面，面对电子商务行业中的诸多社会挑战，如数据安全、消费者权益保护等，学生会意识到作为电子商务专业人士，他们有责任和义务去关注

---

① 胡治芳. 新文科背景下"电子商务概论"跨界融合教学改革探索［J］. 山西经济管理干部学院学报，2023，31（4）：76-80.

与解决这些问题。这种责任感将促使学生在未来的工作中更加注重行业的可持续发展和社会的长远利益。此外，产学研合作还为学生提供了一个了解社会和行业真实需求的平台。通过这个平台，学生可以更加直观地看到电子商务行业对社会经济的影响，以及自己在其中可以发挥的作用。这种直观的认识将进一步增强学生的社会责任感，使他们更加明确自己的职业定位和发展方向。

## 六、促进国际交流与合作

### （一）产学研合作引入国际先进教育理念和技术

产学研合作的一个重要方面是与国际知名企业和研究机构的深度互动。通过这种合作，学校能够直接接触到国际先进的电子商务教育理念和技术。这些理念和技术往往代表了行业的最前沿，它们的引入对于推动国内电子商务教育的现代化和国际化具有重要意义。具体来说，国际知名企业和研究机构通常拥有丰富的教育资源与研究实力，他们在电子商务教育方面的探索和创新往往走在世界前列。通过与他们的合作，学校可以及时了解并引入这些先进的教育理念和技术，如项目式学习、翻转课堂、在线协作等教学方法，以及大数据、人工智能等前沿技术在电子商务教育中的应用。这些理念和技术的引入不仅可以丰富学校的教学内容和方法，提升教育质量，而且可以培养具有国际竞争力的电子商务人才。

### （二）产学研合作推动电子商务教育国际化进程

随着全球化的深入发展，教育的国际化已成为必然趋势。产学研合作通过引入国际元素，有力地推动了电子商务教育的国际化进程。在这一过程中，学校不仅可以借鉴国际先进的教育理念和技术，而且可以与国际同行共同开发课程、编写教材，甚至开展联合培养项目。此外，产学研合作还促进了教育资源的国际共享。学校可以通过与国际合作伙伴的交流与合作，共同建立在线教育平台，实现教育资源的跨国共享。这种共享不仅可以降低教育成本，提高教育资源的利用效率，而且可以推动电子商务教育的全球普及和发展。

### （三）产学研合作为学生提供更多国际交流机会

产学研合作不仅为学校引入了国际先进的教育理念和技术，而且为学生提供了更多的国际交流机会。通过与国际知名企业和研究机构的合作，学校可以组织学生参加国际会议、研讨会等活动，与来自不同国家和文化背景的学生和专业人士进行深入的交流与合作。这些国际交流机会对于学生来说具有极高的价值。首先，它们可以帮助学生拓宽国际视野，了解不同国家和地区的电子商务发展现状与趋势。其次，通过与国际同行的交流与合作，学生可以提高自己的跨文化沟通能力，这对于未来在全球化的职场环境中脱颖而出具有重要意义。最后，这些国际交流机会还能为学生提供宝贵的人脉资源，为他们的职业发展奠定坚实的基础。

## 第二节　产教融合模式的创新与实践路径

### 一、理念创新：构建产教融合的新理念

在电子商务产教融合模式的创新过程中，首要任务是更新和重构教育理念，将产教融合置于教育改革的核心位置。这一理念的转变不仅意味着教学方法和内容的调整，而且代表着教育目标和价值取向的优化。它要求学校和企业摒弃传统的孤立培养模式，转向一种更加开放、协同的育人机制。

具体而言，学校和企业需要形成紧密的合作关系，共同承担起人才培养的重任。学校提供系统的理论知识和研究方法，企业贡献丰富的实践经验和行业资源。通过这种深度融合，双方能够实现资源的有效共享和优势的相互补充，从而构建一个更加全面、深入的教学体系。在这一理念的指引下，学校能够更加敏锐地捕捉到市场动态和行业需求的微妙变化。通过与企业的实时互动和信息反馈，学校可以及时调整教学策略，确保教育内容与行业发展的紧密结合。这种灵活性和敏锐性不仅有助于提高学生的综合素质与专业技能，而且能使他们在激烈的市场竞争中脱颖而出，成为具

有强大竞争力的电子商务人才。①

## 二、模式创新：探索多样化的产教融合方式

### （一）校企合作模式

通过建立紧密的校企合作关系，学校和企业能够共同实现资源的有效共享与优势互补，这种合作模式对于提升电子商务专业的教学质量、提高学生的职业素养具有重要意义。在这一框架下，学校积极邀请企业参与课程设计，利用企业丰富的实践经验和行业知识，共同打造贴近市场需求、具有实用性和前瞻性的课程体系。同时，企业在实践教学环节中也发挥着不可或缺的作用。通过组织学生进行实地考察、参与项目实施等，企业帮助学生将理论知识与实际操作相结合，深化对电子商务运营流程的理解。更重要的是，校企双方还共同制订人才培养方案，确保教育目标与行业需求的高度契合。企业不仅提供宝贵的市场洞察，而且为学校的教育教学改革提供有力支持。此外，企业为学生提供的实习、实训机会，更是成为他们接触实际工作、积累经验的宝贵平台。通过这些实践活动，学生能够更直观地了解电子商务行业的运作机制，把握市场动态，从而提高自身的职业适应能力。这种校企合作的深度融合模式不仅有助于学校培养出更多符合社会需求的电子商务人才，而且为企业输送了具备专业素养和实践经验的优秀员工，实现了教育与产业的良性互动。

### （二）订单式培养模式

根据企业的实际需求，学校可以采用定制化的人才培养方案，为企业精准输送符合其特定要求的专业人才。这种"量身定制"的模式体现了教育的灵活性和针对性，它要求学校深入了解企业的运营特点、岗位需求、行业发展趋势，然后依据这些信息，调整教学计划和课程设置，以确保学生所掌握的知识和技能与企业的实际需求紧密相连。通过这种方式，学校

---

① 赵甜，李增辉．产教融合模式下电子商务专业实践教学创新研究［J］．老字号品牌营销，2024（10）：234-236.

能够直接回应企业对人才的特定要求，从而有效地解决企业在招聘过程中可能遇到的难题，如技能匹配度不高、适应期过长等。同时，这种模式也为学生提供了更加明确和有针对性的职业发展方向。学生在校期间就能明确知道自己未来将要从事的工作内容和技能要求，从而更加专注于相关知识和技能的学习。这不仅提高了学生的学习效率和职业准确度，而且为他们拓宽了就业渠道，增加了就业机会。

### （三）共建实训基地模式

学校与企业携手共建实训基地，旨在打造一个模拟真实电子商务环境的教学平台。这种合作模式不仅深化了产教融合，而且为学生提供了难得的实践机会。在实训基地中，学生置身于仿真的商务场景中，通过处理各种实际业务问题，亲身体验电子商务运营的全过程。这种沉浸式的学习方式极大地提高了学生的实践能力，使他们能够更快适应未来职场的需求。同时，实训基地的运作为学生营造了一个团队协作的环境。在解决电子商务实际问题的过程中，学生学会了如何与他人有效沟通、协同工作，这无疑增强了他们的团队合作精神。此外，实训基地还鼓励学生进行创新思维训练，让他们在解决实际问题的过程中不断探索新方法、新思路。这种实践中的创新尝试不仅锻炼了学生的思维能力，而且为他们日后在电子商务领域的创新发展奠定了坚实的基础。

## 三、实践路径：实现产教融合的具体措施

### （一）完善课程体系

根据电子商务行业的快速发展和市场的不断变化，学校必须保持高度的敏锐性和灵活性，不断调整和完善其课程体系，以确保所教授的内容与当前行业的实际需求紧密相连。这种动态的调整过程是为了更好地培养出能够适应市场需求的电子商务人才。为了实现这一目标，学校不仅需要时刻关注行业的最新动态，而且需要与企业保持紧密的沟通和合作。邀请企业参与课程设计和教材编写，是学校与行业接轨、提升教育质量的重要举措。企业作为市场的直接参与者，对行业的发展趋势和市场需求有着深刻

的理解与独到的见解。他们的参与不仅能够为学校提供宝贵的行业信息和市场反馈,而且能够确保课程内容更加贴近实际,更具实用性和前瞻性。通过这种方式,学校可以及时了解行业对人才的具体要求,进而调整教学策略,使学生在学习过程中能够更好地掌握行业所需的核心技能和知识。同时,企业的参与还能为学生提供更多的实践机会和职业发展指导,帮助他们在未来的职业生涯中更好地融入行业,成为行业的有用之才。

**(二)加强实践教学**

通过校企合作和共建实训基地等多元化的合作模式,学校能够为学生提供更加丰富和深入的实践机会,这是培养学生实际操作能力和职业素养的重要途径。在校企合作中,学校借助企业的资源和平台,使学生有机会亲身参与电子商务运营、网络营销等实际工作,这种"沉浸式"学习方式能够帮助学生更直观地理解和掌握电子商务的核心技能。同时,共建实训基地为学生提供了一个模拟真实商业环境的场所。在这里,学生可以系统地学习和练习电子商务运营的各个环节,从而加深对专业知识的理解,提高解决实际问题的能力。这种以实践为导向的教学模式不仅有助于学生巩固和拓展课堂所学的理论知识,而且能够帮助学生在实际操作中锤炼技能,提升他们的就业竞争力。通过实践,学生能够更好地了解行业标准和职业规范,提高自身的职业素养和团队协作能力。此外,与企业的紧密合作还意味着学生能够更早地接触到行业的前沿动态和市场需求,从而为他们未来的职业生涯做好充分的准备。

**(三)建立双师型教师队伍**

为了提升教师的教学水平、提高教师的职业素养,学校积极鼓励教师到企业挂职锻炼,深入行业一线,亲身体验与了解电子商务的最新动态和运营模式。通过这一举措,教师能够直接与行业接轨,掌握最前沿的市场信息和技术发展,从而不断更新和完善自身的知识体系。这种实践经历不仅能够提高教师的实践能力,而且能够使其在教学过程中更加贴近实际,为学生提供更具实用性和操作性的指导。同时,学校还注重引入外部优质资源,积极邀请电子商务领域的企业专家担任客座教授或开设专题讲座。这些企业专家具有丰富的行业经验和深厚的专业知识,他们的加入为课堂教学注入了新的活力和内容。通过他们的分享和讲解，学生能够接触到更多的行业案例和实践经验，从而拓宽视野，增强对电子商务行业的认知和理解。这种"走出去"与"引进来"相结合的策略不仅有助于提高教师的专业素养，而且能为学生提供更为丰富和多元的学习资源。通过这种方式，学校能够培养出既具备理论知识又拥有实践经验的电子商务人才，更好地满足行业和社会的发展需求。

### （四）加强质量监控与评估

为了确保产教融合模式能够在电子商务教育中得到有效实施，并持续提升教学质量，建立完善的教学质量监控与评估体系显得尤为重要。这一体系不仅是衡量教学效果的标尺，而且是推动教学改革和优化教育资源配置的关键。通过定期对教学效果进行全面而深入的评估，学校能够及时发现教学中存在的问题和不足，进而调整教学策略和方法，确保教学活动始终与行业需求和市场变化保持同步。在构建这一体系时，学校需要综合运用多种评估工具和方法，包括但不限于学生满意度调查、教师互评、企业反馈等，以获取全面且客观的教学质量信息。同时，这一体系还应具备灵活性和适应性，能够根据不同阶段的教学目标和行业发展趋势，调整评估标准和重点。通过这种方式，学校不仅能够确保教学质量稳步提升，而且能够在动态变化的市场环境中保持教育的前瞻性和实用性。

## 四、机制保障：构建长效的产教融合机制

### （一）建立行政部门、学校、企业三方联动机制

行政部门作为教育和社会发展的重要推动者，应深刻认识到产教融合在提升教育质量、促进就业、推动产业发展中的关键作用。行政部门有必要出台一系列具有针对性的相关制度，以支持和促进产教融合模式的发展。这些制度可以包括但不限于财政补贴、税收优惠、项目扶持等，旨在为学校和企业搭建一个稳固的合作平台，降低双方合作的成本和风险。在这样的制度引导下，学校和企业应积极响应行政部门的号召，摒弃传统的孤立发展观念，

转向协同育人的新理念①。双方需要加强沟通与合作，明确各自在产教融合中的定位与角色，以及期望达到的目标和效果。学校应充分利用其教育资源优势，为企业提供人才培养和科研支持；企业则应发挥其市场和实践经验的优势，为学校提供实习实训机会和行业动态信息。通过这种深度合作，双方能够共同推动产教融合模式的深入发展，实现资源共享、优势互补，最终增强教育的实用性和针对性，培养出更多符合社会需求的高素质人才。这不仅有助于解决当前社会面临的就业难题，而且能为产业的升级转型提供有力的人才保障，从而推动整个社会的可持续发展。

**（二）完善激励机制**

在产教融合的过程中，对于表现突出的学校、企业、个人进行及时的表彰和奖励，是激发各方积极参与、持续投入这一教育模式创新的重要举措。这种表彰和奖励机制不仅是对参与者努力与成果的认可，而且是一种积极的激励手段，能够显著提升各方的参与热情和工作动力。对于学校而言，获得表彰意味着其教育理念、教学方法、与企业合作的模式得到了权威认可。这不仅可以扩大学校的品牌影响力，吸引更多优质生源，而且可以鼓励学校继续深化产教融合，探索更多教育创新的路径。对于企业来说，受到奖励意味着其在产教融合中的投入和贡献得到了社会的广泛认同。这种认同有助于提升企业的社会责任感和公众形象，也能促进企业更加积极地参与人才培养的过程，与学校共同培养出更多符合企业需求的高素质人才。对于个人而言，无论是学校的教师还是企业的员工，获得表彰和奖励都是对其个人能力与职业精神的肯定。这种肯定能够极大地激发个人的工作热情和职业荣誉感，促使其在未来的工作中更加投入，为产教融合贡献更多的智慧和力量。

**（三）建立信息共享机制**

通过建立信息共享平台，学校和企业能够实现更为高效的信息互通与资源共享，从而显著提升产教融合的效果。这一平台利用现代信息技术，打破了传统信息交流的时空限制，使得学校和企业能够实时交换数据、共享资

---

① 李远远. 以协同育人理念推动电子商务专业校企合作研究［J］. 造纸装备及材料，2022，51（3）：224-226.

源，确保了双方能够在第一时间获取到彼此的最新信息和需求。在信息共享的基础上，学校可以更为精准地了解企业用人需求和行业发展趋势，从而调整教学计划和课程设置，使教育内容更加贴近市场实际。同时，企业也能够及时了解到学校的教学成果和人才培养情况，为其招聘和选拔人才提供有力的支持。此外，资源共享也是这一平台的重要功能。学校和企业可以共享各自的优势资源，如学校的图书资料、实验设备、企业的实践基地、行业专家等，从而实现资源的最大化利用。这种共享不仅降低了双方的成本投入，而且为学生提供了更为丰富、多元的学习资源和实践机会。

## 五、基于产教融合的应用型本科电子商务专业人才培养模式构建方案

### （一）加强产学合作，构建实用的电子商务人才培养体系

高校依托企业电子商务实践基地，结合自身优质的教学资源，共同设计和打造适应企业岗位需求的可持续完善电子商务应用型本科人才的培养体系。

#### 1. 课程设置

根据市场对电子商务人才岗位的需求，有针对性地分专业进行教学，大一、大二建设电子商务专业核心课程体系，全面覆盖电子商务专业人才所需的知识和技能。依据电子商务专业特点，建立"三进阶"的核心课程体系，大一学习市场营销学、网络营销学，大二学习网店运营与管理，并将网页设计、计算机网络技术、网上银行与电子支付、电子商务物流管理、国际贸易等课程作为考试课重点学习，大三根据市场需求选择专业方向。例如，学校将电子商务专业分为电子商务运营与管理、新媒体运营与管理、商务数据应用与管理三个方向，依据三个专业方向分别开设若干门课程，办出具有电子商务专业特色的课程。

#### 2. 实践课程设计

实践课程设计依托电子商务仿真软件、校内实践基地等进行，包括岗位认知课程设计、网页设计课程设计、网络营销课程设计等。在人才培养

方案的设计中，尤其是大三、大四学年，适当增加实践课时比重，并根据行业发展及前沿技术的进步不断调整开设的课程，使学生毕业后能够适应岗位需求，实现学校与企业的无缝对接。

3. 创新创业能力培养

在校园内建立电子商务创新创业孵化基地，为学生提供良好的电子商务创业实践条件和环境。可以建立众创空间、SOVO等，邀请校外电商创业团队进校或企业的创业项目进校，为学生提供在团队中工作的机会；也可以通过校内创新创业大赛等形式，挑选可行的电商创业项目进行孵化，对优秀学生项目进行指导。

**（二）校企共建电子商务专业课程体系**

高校电商专业应当根据地方电商企业的实际发展需求，通过引入企业的师资、资金、项目等有效资源，培养企业真正需要的电子商务人才，同时利用企业掌握行业前沿技术的优势，为学生提供实习、实训岗位。学生通过在企业的实训可以提升自身的专业技能，提高实战能力，同时也为学生提供更多的就业机会。

**（三）校企共建产教融合长效合作机制**

学校和企业通过建立校企合作人才培养实践教学平台，健全产教融合的长效机制，可以在企业内为学生预留实习轮岗的岗位，学校将教学执行计划与企业充分沟通，保证企业用人时能够确保人员充足，降低企业用工成本；也可以共建校内实习实训基地，企业将实训基地建立在学校，由学校提供实训场地，投入相应设备，企业投入部分运营资金，并提供相应的管理制度。实验实训基地的建设，要以培养高素质应用研究型人才为目标，建立学校、企业共同发展的长效运作机制，基地的所有实验实训项目由学校教师和企业讲师共同承担。

**（四）校企共育师资，搭建产教研一体化平台**

通过深入的产教融合，学校和企业共建"双师双能型"教师，提高教师的电商运营实践能力，提升教师的教学和科研水平，从而间接提升学生的培养质量。首先，学校可以定期从合作企业中聘任具有实际工作经验的电商运营专家担任兼职教师，承担部分实践类课程的授课任务，并通过短期的教育教学培训，使企业专家同时具备教学能力，实现实践与教学的有效融合。其次，学校可以根据教师承担的不同专业方向或课程教学计划，安排青年教师到电商企业承担电商运营实际工作，或聘请电商企业的专家到校内实践教学基地的具体工作岗位指导青年教师，提高教师的电商运营实践操作能力。最后，共建科研机构，共享学校和企业的资源。通过构建校企合作科研机构，高校教师与企业工程师可充分合作，将企业需要解决的科研难题或应用型项目"移植"到学校中，由教师、学生共同参与完成，提升教师的科研水平；企业也可以通过与学校的合作，将与学校共同研发的科技成果进行转化，投入企业的实际运营中，为企业的发展提供有力支持。

**（五）建立产教课程评价与监督制度**

在产教融合过程中，校企双方可共同建立较为完善的产教课程评价与监督制度。可以通过两种方式来实现：其一，在课程评价方面，高校与企业可以共同作为学生实践工作的指导教师，对学生的实践环节进行过程性评价；同时，采用学校理论等级评分标准与企业员工考核标准相结合的方式，给予学生最终成绩评定。其二，在监督指导方面，可以成立校企合作监督管理委员会，对学生实践环节进行全面指导和监督，及时纠正问题并提出合理指导意见，以促进产教课程顺利进行。

## 第三节　校企合作项目的策划与实施策略

### 一、项目策划的核心理念

#### （一）需求导向与前瞻性布局

在校企合作项目的精心策划阶段，对市场需求与行业趋势的分析不仅是项目成功的先决条件，而且是确保教育资源投入与社会需求紧密相连的关键环节之一。通过深入而细致的市场调研，能够精准地把握电子商务行业对人才的特定需求，从而描绘出行业内对人才技能、知识和态度的全方位要求。这种明确的需求特点为制订针对性强、实效性高的教育培养方案奠定了坚实的基础。仅仅满足当前市场需求是不够的。策划者还应具备前瞻性视野，这不仅要求其对市场现状有深刻理解，而且需要其对未来行业走向进行科学预测。电子商务作为一个快速变化的领域，技术更新迅速，市场动态多变，这就要求在策划阶段预见这些变化，并在人才培养方案中提前作出相应调整。通过融入未来市场的可能变化，可以确保所培养的人才不仅满足当前行业需求，而且能适应未来市场的挑战。这样的前瞻性布局不仅提升了教育投资的长期回报，而且为学生的职业发展铺设了坚实的道路，使学生能够在不断变化的电子商务领域中立于不败之地。

**（二）资源整合与优势互补**

校企合作作为一种深度的产教融合模式，其核心在于充分利用学校和企业的各自独特资源，以实现资源的优化配置和高效利用。学校作为教育机构，拥有丰富的教育资源和强大的研究能力，包括专业的师资队伍、完善的教学设施、深厚的学术研究积淀。这些资源为理论知识的传授和学术研究的开展奠定了坚实的基础。相对而言，企业拥有广阔的实践平台和宝贵的行业经验。企业在实际运营中积累的案例、数据、市场动态等信息，为学生提供了真实的实践环境和深入了解行业的机会。通过校企合作，可以将学校的理论教育资源和企业的实践教育资源进行有机整合。这种整合不仅使得双方资源得到最大限度的利用，而且能够实现双方优势互补。学校的理论知识可以指导企业的实践活动，提高企业的创新能力，增强企业的市场竞争力。同时，企业的实践经验也能反过来丰富学校的教学内容，使教育更加贴近实际需求。这种双向的互动与融合共同推动了教育质量的提升，培养出了既具备扎实理论基础又具备实践操作能力的复合型人才，从而更好地服务于社会的发展和进步。[①]

**（三）创新驱动与协同发展**

创新作为电子商务行业的生命线和核心竞争力，是推动该行业持续

---

① 邱浩然，迟超，王云. 校企协同技术技能积累对电子商务专业教学质量影响的研究［J］. 职业技术，2024，23（1）：72–77.

发展的动力。在校企合作中，以创新为驱动力意味着双方需共同致力于探索新技术、新方法和新模式，以推动电子商务行业的创新发展。通过共同研发和技术创新，校企双方可以打破传统思维的束缚，开发出更具市场竞争力的产品和服务。这种合作模式不仅能够提升企业的技术水平和创新能力，而且能够促进学校科研成果的转化和应用，实现科研与产业的深度融合。同时，校企合作应注重协同发展，即实现学校、企业和社会的共赢。这要求校企双方在合作过程中，不仅要关注各自的经济利益，而且要考虑对社会的贡献和影响。通过协同发展，学校可以获得更多的实践教学资源和行业信息，提升教育质量和学生的就业竞争力；企业可以借助学校的科研能力和人才优势，提高自身的技术创新能力，提升市场竞争力。

## 二、项目实施的关键环节

### （一）课程体系重构

针对电子商务专业的独特性和复杂性，课程体系的重构显得尤为重要。这一重构过程必须充分考虑电子商务领域的快速发展和多元化需求，力求在理论与实践之间找到最佳平衡点。为了实现这一目标，需要对现有的课程体系进行全面而深入的分析，识别出那些能够反映电子商务最新发展动态和市场需求的核心课程。在重构过程中，应特别注重将理论知识与实践操作相结合，确保学生不仅掌握扎实的理论基础，而且具备出色的实践能力。为此，可以增设一系列与电子商务实践紧密相关的课程，如网络营销、数据分析等课程。这些课程旨在培养学生运用电子商务工具和技术解决实际问题的能力，使他们能够熟练掌握电子商务运营中的关键环节。通过网络营销课程，学生可以深入了解各种网络营销策略和方法，学会如何有效利用社交媒体、搜索引擎优化等手段提升品牌知名度和销售额。数据分析课程能帮助学生掌握数据挖掘和分析的基本技能，从而能够根据大量数据做出科学的商业决策。这些实践导向的课程设置不仅能够显著提高学生的实践能力，而且能够为他们未来在电子商务领域的职业发展奠定坚实的基础。

### （二）实训基地建设

建立校内外实训基地是电子商务专业教育的重要环节，其目的在于为学生提供一个真实的电子商务运营环境，以便他们能够在实践中深化对理论知识的应用，并熟练掌握电子商务运营的各项技能。这种实训基地的构建不仅模拟了真实的商业环境，而且引入了市场动态和竞争机制，使学生能够在实际操作中感受电子商务行业的脉搏。

通过在校内外实训基地的实践活动，学生可以亲身体验电子商务运营的全过程，包括商品策划、平台运营、营销推广、客户服务等关键环节。在这一过程中，他们不仅能够运用所学理论知识解决实际问题，而且能够在实训中锻炼团队协作能力、沟通能力和创新能力，这些都是未来职业生涯中不可或缺的素质和能力。更重要的是，实训基地为学生提供了一个与未来职场无缝对接的平台。在这里，他们可以接触到最新的电子商务技术和运营理念，从而在毕业后能够迅速适应行业需求，提升自身的就业竞争力。

### （三）"双师型"教师队伍建设

加强"双师型"教师队伍建设，是提升电子商务专业教育质量的关键举措。"双师型"教师是指那些既具备深厚的理论教学能力，又拥有丰富实践教学经验的教师。他们不仅能够传授扎实的理论知识，而且能够指导学生进行实际操作，帮助学生将理论知识转化为实践能力。通过校企合作，可以更有效地培养这类"双师型"教师。学校与企业可以共同制订培养计划，为教师提供深入企业实践的机会，让他们亲身体验电子商务运营的实际环境，了解行业动态和市场需求。同时，企业也可以派遣经验丰富的行业专家到学校进行授课或指导，与教师分享行业前沿知识和实践经验。这种合作模式不仅有助于提高教师的实践教学能力，而且能使他们的理论教学更加贴近行业实际，从而提升教学质量。"双师型"教师队伍的建设将为学生提供更加全面、深入的教学指导，培养出既懂理论又善实践的高素质电子商务人才。加强"双师型"教师队伍建设，既是推动电子商务专业教育发展的重要途径，也是提升教学质量的有力保障。

### （四）产学研一体化

推动产学研一体化发展是提高电子商务行业创新能力、提升竞争力的重要途径。产学研一体化，即将教学、科研与产业发展紧密结合，形成相互促进、共同发展的良性循环。通过校企合作项目，可以有效地实现这一目标，促进科研成果的转化和应用，为电子商务行业的发展提供有力的支持。在校企合作项目中，学校和企业可以共同开展科研项目，针对电子商务领域的关键问题和挑战进行深入研究。学校的科研团队可以提供专业的理论知识和研究方法，企业可以提供实际的市场需求和行业经验。这种合作模式有助于科研成果更加贴近实际需求，提升其应用价值和市场潜力。同时，通过校企合作项目，科研成果可以得到及时的转化和应用。企业可以利用学校的科研成果，开发出更具创新性和市场竞争力的电子商务产品与服务。这不仅能提升企业的技术水平和经济效益，而且能推动整个电子商务行业的进步和发展。

## 三、策略创新与思考

### （一）定制化人才培养模式

根据企业的实际需求来定制化培养电子商务人才，是满足市场精细化需求、优化人才资源配置的关键策略。这一策略强调与企业的深度合作，通过深入了解企业对电子商务人才的具体要求和期望，制订更加精准、有针对性的人才培养方案。这种定制化培养不仅能增强教育的实效性，而且能确保所培养的人才能够无缝对接企业的实际需求。在实施过程中，需要细致分析企业运营模式、岗位设置、技能需求等多维度信息，以确保培养方案与企业战略和业务流程高度契合。通过与企业人力资源部门、业务部门等关键职能部门的紧密沟通，可以精准把握企业对于电子商务人才在知识、技能、职业素养等方面的全面要求。在此基础上，结合教育教学的规律与特点，设计出既符合教育标准又能满足企业特定需求的培养计划。这种计划将重点强化实践教学环节，如企业实习、项目实战等，以确保学生能够在真实的工作环境中应用所学知识，有效提高他们的职业素养和综合能力。

### （二）多元化合作形式

探索多元化的合作形式在校企合作中显得尤为重要，这不仅可以更灵活地满足企业对人才的多样化需求，而且可以有效提升学生的就业质量。

订单式培养与现代学徒制等创新模式，正是这一探索中的杰出代表。订单式培养是根据企业的具体人才需求，学校与企业共同制订培养计划，确保学生毕业后能够直接满足企业的用人要求。这种模式将企业的实际需求与学校的教育资源紧密结合，实现了人才培养的精准对接，大大降低了企业的人力资源成本，同时也为学生的职业发展提供了明确的方向。现代学徒制是一种更为深入的校企合作形式，它融合了传统学徒制的实践性与现代教育的系统性。在这种模式下，学生不仅能在学校接受系统的理论知识教育，而且能在企业获得实战经验丰富的师傅的指导，通过"传、帮、带"的方式，更快地掌握职业技能和行业精髓。这些多元化的合作形式不仅使企业更加直接地参与人才培养的过程，确保人才的质量与适用性，而且为学生提供更多的实践机会和职业发展资源，从而有效提升学生的就业质量。通过这些创新模式的实施，有望培养出更多既具备理论知识，又拥有实践经验的高素质电子商务人才，为行业的持续发展注入新的活力。

### （三）持续改进与优化

校企合作项目的成功实施应是一个动态调整、持续优化的过程，为了确保项目的长期稳定发展，必须建立一套科学有效的持续改进与优化机制。这一机制的核心在于通过定期评估项目效果、广泛收集各方反馈意见，以及深入分析项目实施过程中遇到的问题和挑战，不断完善项目实施方案。具体而言，项目团队应定期对项目进展进行全面评估，这包括对人才培养质量、科研成果转化、企业满意度等多个维度的量化分析和质性评价。同时，应积极收集来自学校、企业、学生和社会各方的反馈意见，以获取对项目实施效果的多元视角和全面认识。这些反馈信息的收集和分析不仅有助于及时发现并纠正项目实施中的偏差，而且能为下一阶段的项目规划提供有力的数据支持和决策依据。在综合评估与反馈分析的基础上，项目团队应有针对性地调整项目实施方案，包括优化课程设置、改进教学方法、增加实践环节、完善校企合作模式等。通过这些改进措施，可以不断提升校企合作项目的质量和效益，确保其与时俱进，满足行业发展的最新需求。

## 第四节　产学研合作与产教融合中的生态构建

### 一、电子商务产学研合作与产教融合中的生态构建要素

#### （一）多元主体协同

电子商务产学研合作与产教融合的生态构建，首要任务是清晰界定多元参与主体的角色与职责。在这一生态体系中，学校占据着举足轻重的地位，被视为人才培养的摇篮。学校不仅传授电子商务相关的系统理论知识，而且致力于引导学生掌握科学的研究方法，从而培养学生的理论素养和学术探究能力。通过系统的课程设置和严谨的教学方法，学校为学生构建了坚实的电子商务知识体系，为其未来的职业生涯和创新研究奠定了坚实的基础。与此同时，企业在这一生态中同样扮演着不可或缺的角色。企业凭借其深厚的市场积淀和丰富的实践经验，为产学研合作提供了宝贵的市场洞察和行业动态。更重要的是，企业能够贡献真实的项目案例，为学生提供难得的实践机会。这种实践经验的积累对于学生理解和掌握电子商务运营、市场营销等实际操作具有不可替代的作用。科研机构在产学研合作中的作用亦不可忽视。科研机构专注于电子商务领域的前沿技术研究，是推动行业创新的重要力量。他们不仅深入研究现有技术的优化与改进，而且积极探索新技术、新模式，为电子商务行业的持续发展提供技术支持和创新动力。科研机构的加入使得产学研合作在技术创新方面更具前瞻性和引领性，为整个生态体系的构建注入了强大的创新活力。

#### （二）资源共享机制

在产学研合作与产教融合中，资源共享机制显得尤为重要，是实现各方优势互补、共同发展的关键所在。学校作为智力资源的聚集地，拥有丰富的学术研究和教育经验，能够为企业提供宝贵的智力支持和源源不断的人才储备。这种支持不仅体现在为企业提供专业咨询、解决技术难题上，而且在于通过系统的教育培训，帮助企业提高员工的专业素养，提升技能

水平。反过来，企业能够依托自身的市场资源和实践经验，为学校打造实践教学基地，提供真实的职业环境和操作平台。这不仅有助于学生将理论知识与实际操作相结合，而且能够为他们开辟广阔的就业渠道，促进人才培养与社会需求的无缝对接。同时，科研机构在这一合作框架中也发挥着举足轻重的作用。科研机构的研究成果往往代表着行业的前沿技术和创新方向，通过产学研合作，这些成果可以迅速转化为具有市场竞争力的产品或服务，从而推动电子商务技术的不断创新与发展。这种转化不仅加速了科技成果的商业化进程，而且为整个电子商务行业的进步注入了源源不断的创新活力。因此，资源共享在产学研合作与产教融合中扮演着重要角色，是连接各方优势、实现共同发展的桥梁和纽带。

### （三）创新驱动发展

创新在电子商务产学研合作与产教融合中是推动整个生态体系持续发展的核心动力，为了实现创新的有效驱动，必须通过多种方式激发各参与主体的创新活力和创造力。搭建创新平台是其中的关键一环，这样的平台不仅能为各方提供一个资源共享、思想碰撞的空间，而且能有效地促进创新资源的整合和优化配置。此外，组建创新团队也是至关重要的，这样的团队能够汇聚来自不同领域的专业人才，通过他们的共同努力和协作，推动电子商务领域的技术突破和模式创新。同时，开展创新项目是将创新理念转化为实际成果的重要途径，通过项目的实施，可以验证理论的可行性，探索新的市场机会，从而推动整个行业的进步。特别是在当前大数据、云计算、人工智能等新一代信息技术迅猛发展的背景下，电子商务领域的创新空间和潜力更是被极大地拓展。这些先进技术不仅为电子商务提供了更强大的数据处理和分析能力，而且为其带来了更智能化的服务模式和更高效的运营手段。

### （四）制度保障体系

为了确保产学研合作与产教融合的顺利进行，完善的制度保障体系是产学研合作与产教融合稳固发展的基石。该体系涵盖了多个方面，旨在通过制度化的管理和规范化的操作来维护各方利益，进而推动合作与融合的深入进行。首先，制订明确的合作协议是不可或缺的环节，能够明确各方的权利与义务，为合作过程中可能出现的争议提供解决依据，从而确保合作的顺利进行。其次，建立项目管理机制也是关键一环，通过对项目的进度、质量、成本等进行有效控制，可以提高合作效率，确保项目的顺利完成。此外，完善知识产权保护制度对于保护创新成果、激发创新活力具有重要意义，能够防止知识产权纠纷，保障各方的合法权益。最后，构建质量评价体系有助于对产学研合作与产教融合的效果进行客观评估，及时发现并改进存在的问题，推动合作与融合向更高水平发展。通过这些制度的建立和完善，可以有效地促进产学研合作与产教融合的规范化、制度化发展，为培养高素质人才、推动科技创新和产业升级提供有力保障。

## 二、电子商务产学研合作与产教融合生态构建的实践路径

### （一）加强顶层设计

从国家层面出发，精心制定这一领域的发展战略和长远规划，确保各项工作有序、高效推进。在制定过程中，应明确产学研合作与产教融合的目标任务，这包括但不限于提升电子商务人才培养质量、促进科研成果转化、加强产业链与创新链的深度融合等。为实现这些目标，还需制定一系列切实可行的相关制度措施，如提供财政支持、税收优惠、金融扶持等，以激发各参与主体的积极性和创造力。与此同时，各级行政部门在推动电子商务产学研合作与产教融合中扮演着关键角色。他们不仅需要深入理解和贯彻国家的发展战略，而且需要结合本地实际，出台更具针对性和操作性的支持相关制度。这些相关制度应涵盖资金支持、场地提供、人才引进等多个方面，旨在为产学研合作与产教融合创造更加优越的环境和条件。通过行政部门的大力支持和引导，可以进一步促进学校、企业、科研机构之间的紧密合作，加速电子商务领域的技术创新和人才培养，从而为国家经济的持续健康发展注入新的活力。这种自上而下的相关制度的推动和保障对于电子商务产学研合作与产教融合的深入发展具有至关重要的意义。

### （二）优化资源配置

市场机制的有效运作能够引导资金、技术、人才等关键要素向这一领域

合理流动和集聚，从而优化资源配置，提升整体效能。为了实现这一目标，需要进一步完善市场体系，确保公平竞争，为电子商务产学研合作与产教融合提供良好的市场环境。同时，拓展国际视野也是提升我国电子商务产学研合作与产教融合水平的关键。通过加强与国际社会的交流与合作，可以及时引进与吸收国外先进的电子商务技术和教育理念。这不仅包括具体的技术解决方案和教育教学方法，而且涉及创新思维的激发和培养模式的革新。通过国际交流，能够更快地把握全球电子商务发展的最新动态，及时调整和优化自身的产学研合作与产教融合策略。在这一过程中，还应注重提高本土创新能力，提升核心竞争力，确保在吸收国际先进经验的基础上，结合我国实际情况，形成具有中国特色的电子商务产学研合作与产教融合模式。通过这样的综合措施，可以全面提升我国在这一领域的整体水平，为培养更多高素质电子商务人才、推动行业持续创新和发展奠定坚实的基础。

### （三）强化人才培养

针对电子商务领域的独特人才需求，制订具有针对性的个性化人才培养方案。该方案需要综合考虑行业特点、市场趋势、具体岗位的技能要求，以确保所培养的人才能够紧密贴合行业发展的实际需求。为此，可以采取校企合作的方式，将学校的理论教学与企业的实践教学相结合，使学生在校期间就能接触到真实的电子商务环境，从而加深对专业知识的理解并提高实际操作能力。此外，订单式培养也是一种行之有效的人才培养模式。它根据企业的具体需求，量身定制培养计划，使学生在学习过程中就能明确自己的职业定位，从而更好地规划未来的职业发展。通过这种方式，学生的实践能力和职业素养将得到显著提高，为他们顺利融入电子商务行业奠定坚实的基础。除了对学生的培养之外，还应关注电子商务从业人员的继续教育和培训。随着技术的不断进步和市场的快速变化，电子商务行业对从业人员的专业技能和综合素质提出了更高的要求。因此，需要建立完善的继续教育和培训体系，为从业人员提供持续的学习机会，帮助他们不断更新知识结构，提升专业技能，以适应行业发展的需求。通过这样的措施，可以全面提高电子商务领域人才的整体素质，为行业的持续健康发展提供有力的人才保障。

### （四）推动科技创新

在电子商务快速发展的时代背景下，鼓励科研机构和企业加大研发投入，深入开展电子商务领域的关键技术研究和创新，显得尤为重要。这不仅有助于提升我国电子商务技术的核心竞争力，而且是推动产业升级和经济社会发展的关键。通过加大研发投入力度，科研机构和企业可以针对电子商务发展中的瓶颈问题与技术难题进行系统的研究和探索，力求在核心技术上取得突破。产学研合作在这一过程中发挥着桥梁和纽带的作用。通过产学研的紧密结合，科研机构和企业可以共同开展项目研发，促进科研成果的转化和应用。这种合作模式不仅能够加速电子商务技术的升级换代，而且能够确保新技术、新应用快速落地，从而推动整个电子商务产业的持续创新和发展。同时，产学研合作还有助于培养具备创新精神和实践能力的人才队伍。通过参与实际项目研发，科研人员和企业技术人员能够不断提高自身专业素养，为电子商务产业的长期发展提供人才支撑。

## 第五节　产学研合作与产教融合创新案例分析

### 一、云南工商学院电子商务协会

#### （一）项目的意义

2015年教育部《关于深化职业教育教学改革全面提高人才培养质量的若干意见》指出，"要重点推进产教深度融合。要深化校企协同育人，充分发挥企业的重要主体作用。完善职业教育行业指导体系，提高行业指导能力。推进专业教学紧贴技术进步和生产实际，有效开展实践性教学"。紧密结合当前我国教育改革发展最新趋势，积极探索适合云南工商学院特色的校企"产学研"协同育人模式，具有重要的理论意义和实际价值。

理论意义方面，目前有一些关于专业型社团在院校实践教学中的作用研究，积淀了丰富的理论成果和实践经验。虽然国内外关于学生社团的研究较多，但是针对云南省应用型大学的专业型社团产学研协同育人模式的研究尚属空白。本项目紧密结合当前应用型大学在校企协同育人方面的趋势，深化产教融合，创新协同育人模式，以专业型社团发展带动专业发展，以实现培养应用型人才的目标。

实际价值方面，云南工商学院始终坚持"创办中国一流应用型大学"的理念和宗旨，承担着为云南区域经济的良性健康发展持续输送应用型、创新型人才的责任，如何有效地深化产教融合、校企合作，构建应用型创新人才协同育人模式，培养满足区域经济发展和社会需要的人才，是大势所趋，更是迫在眉睫。

应用型本科院校的目标是培养服务社会发展的应用型人才，实践教学体系的构建发挥着重要作用。专业型社团是学生专业实践的重要平台，是对实践教学体系的有益补充，是大学生巩固专业知识、提升技能、培养应用能力的训练场。通过校企联动将企业真实项目导入，使高校的资源服务于社会，专业型社团活动与实践教学相结合，也能增进学生的学习兴趣，提升实践技能水平。专业型社团的运行管理，将教学实践融入产业、产业反哺教学的产教联动机制，以专业型社团推动实践教学的发展，培养适应社会需求的应用型人才。

**（二）云南工商学院专业型社团的建设情况分析**

目前高校开展的产教融合实践中，有的校企合作还存在企业积极性没有调动起来，专业建设中的学校"一头热"，而企业参与热情不高的"挂牌式"合作形式的尴尬局面，校企协同育人尚未切实得到推进。目前高校人才培养模式亟待创新，在调研中发现如下问题：

从高校学生学习情况调研来看，部分大学生学习信心不足，感觉自己不能完成大学阶段的学习任务或不能在考试中发挥出正常水平，以至于对未来的发展感到恐慌，觉得自己无法适应今后的就业岗位需求。虽然整体上大学生学习目标明确、计划具体与学习动力总体状况良好，但是学生技能掌握和知识获取方面两极分化严重，总体水平难以提升。通过一项主题为"我每天上网主要在做什么"的调查发现，大学生上网时，只有近三分之一的学生对资源管理有清晰的意识，对学习效能的提升有一定的辅助作用。但学生的主要关注点容易偏移（与学业无关的方向），学生自我管理能力有待提高。在日常教学及人才培养中，通常采用常规的"你讲我听"的教学模式，学生参与实际项目的机会较少，缺乏主观能动性。而大部分学生社团的实际运作有名无实，无法以优秀企业和组织的管理模式来运作，参与的学生无法得到锻炼和提升。学生专业型社团在教育教学改革和创新创业活动中发挥着极其重要的作用，以目前已经成立的电子商务协会为例，其都已制定相关制度和运作机制。现电子商务协会已招募会员近500人，旨在通过专业型社团的发展，对专业建设产生积极的促进作用。高校应充分发挥社团中学生干部与技术骨干的重要作用，利用"第二课堂"，促进学生专业发展，提升学生实践技能。

**（三）云南工商学院专业型社团的校企"产学研"协同育人模式的探索**

专业型社团结合自身专业特点，理论与实践相结合，探索提高学生创新实践能力。云南工商学院电子商务协会以协会（学生社团）为中心，通过协会的组织协调及影响力，让各年级、各层次、各专业的学生能够建立共同的学习目标，激发学生的学习兴趣，做到直学直做，提升学生自主学习意识，做到"有人带、有人帮、有人管、有人学"。将学生课余时间从大量低密度、低成就感的娱乐转化到高密度、有目标、高成就感的学习上。协会组织举办学术讲座，为学生提供学术研究、学术交流的平台，通过讲座增进学生对本专业的了解，提升专业兴趣、专业技能，提高专业素质。

社团部门自建渠道（线下渠道、线上渠道或其他渠道），与企业对接，承接电子商务服务项目；项目实行"项目经理负责制"，自行在协会人才池中"点将"，以"任务驱动式"限时高质量完成。对学院内学生的创业项目进行全程帮扶和指导。协会指导教师和协会学习部成员制定相关标准和要求，选拔协会内部成员成为"小老师"，教授"小老师"们授课技巧和方法。"小老师"们自主"备课"，以10人为一组、每次20分钟的形式开设"小课堂"。"小课堂"主要讲授互联网应用、网络营销、电子商务、计算机、工商管理、市场营销、艺术设计等与电子商务相关的知识、技能、心得等，定期举办电子商务相关的技能比赛，为优秀比赛选手授予获奖证书，起到学生技能掌握的示范作用。

专人负责对网络营销、电子商务中的市场、企业、技术及前景等进行深入研究；科研部细分为互联网市场研究小组、区块链研究小组、新零售研究小组、大数据、云计算研究小组、农村电子商务研究小组、电子商务全球化研究小组等，对研究人员进行相关的选拔考核和研究成果考核，并对突出成果给予奖励。研究成果通过协会网站和协会学术交流网站发布，供他人免费学习和深入研究，以提高成果转化能力。

"产"中的"项目经理制"可以有效锻炼学生电子商务运营项目管理能力，学生按照办公室布局模拟实际工作场景，从运营策划、产品摄影、照片修片、美工设计、运营推广、营销实施、文案策划到客户服务等全程参与电子商务实际工作场景，直接响应市场号召，对接客户需求，从而在实际工作场景和实践中培养当前社会紧缺的运营管理、电商运营、产品摄影、美工设计、文案策划、付费广告运营、产品经理等各岗位的电子商务人才。多项目可同时进行，每个人可以参与许多岗位实景，亲身体验工作经历。其中如果有授课能力的同学可以成为"小老师"。"小老师"培养的同学可以通过技能提升和考核进入项目组工作。参与过项目完成的同学又可以成为"小老师"，将实践经验传递给其他同学。科研部的研究成果可以直接在项目中实践和试验，使得研究成果有实践的可能性，真正实现"产学研"结合来培养学生。组织社团成员到企业参观学习，了解企业运营，拓宽学生视野，夯实专业基础，通过与企业的密切接触，促进学生与社会应用接轨。企业导师与学校教师共同指导学生，使专业指导贯穿专业型社团的学习风气营造全过程。专业任课教师不仅能在学生课外科研活动、社会实践等方面为学生提供指导，而且能对社团的运作与制度建设给予有力指导，使社团管理和文化得以传承与创新。

## 二、产教融合视域下地方高校跨境电商运营类人才培养探索——基于钱江学院跨境电商微专业的实践

杭州师范大学钱江学院（以下简称钱江学院）是一所地方应用型本科院校，注重培养"厚基础，强能力"的应用型人才，在2020年获批跨境电商本科专业，成为全国首批7所跨境电商本科高校之一。钱江学院早在2014

年就开始通过在大四综合实训中引入校企合作项目开展跨境贸易实训课程；2015年成立杭州跨境电商综试区首个人才培养基地；2016年创建在杭高校首个跨境电商学院。为了向社会输出更多高质量的跨境电商人才，从2017年开始探索跨境电商微专业人才培养模式，并在2018年成为钱江学院首批微专业教学改革专项立项。

为了帮助学生提升学习质量，微专业是指通过慕课平台向学生提供针对某一主题的序列化课程，当学生完成所有课程并通过测验后能够获得微专业认证。这种学习模式使学生在短期内较为系统、专业地掌握某一相关岗位的工作技巧和方法，帮助学生达到相关工作要求，实现快速就业和职业化提升的目的。该模式很好地弥补了传统教学的不足，打通了高校到企业的"最后一公里"。钱江学院跨境电商微专业通过提炼跨境电商岗位的核心技能制订课程菜单，每年面向校内非跨境电商专业大三学生招收学员，学生修满规定学分就可以申请由钱江学院颁发的微专业证书。在跨境电商微专业人才培养过程中不断深化产教融合，快速提升学生对于跨境电商行业尤其是运营方向的认知和技能水平，从而缓解地方高校人才培养与跨境企业用人需求之间的矛盾。

**（一）跨境电商微专业基本建设情况**

1. 明确跨境电商微专业的培养目标

近年来，跨境电子商务发展迅猛，已成为稳外贸促转型的新引擎，跨境电商迎来发展的黄金十年，预计到2035年我国进出口贸易的50%将由跨境电商完成，快速发展的跨境电商催生出大量的岗位需求，跨境电商人才尤其是运营类人才供需矛盾日益凸显。调查问卷数据显示，跨境电商企业对运营类人才的需求量最大。跨境运营人员不仅要熟知产品、运营规则、营销推广、专利技术和海关政策等情况，而且要寻求最优的跨境物流和支付结算渠道等。钱江学院跨境电商微专业为适应跨境电商行业快速发展对跨境电商运营类人才的需求，以培养学生从事跨境电商运营技能为主要目标，积极构建并不断优化跨境电商微专业课程体系，同时结合实习实践、学科竞赛和跨境电商创业项目孵化等形式，培养复合型运营类跨境电商就业型人才与创业型人才。

## 2. 构建跨境电商微专业课程体系

钱江学院跨境电商微专业的课程体系由专业基础课、专业核心课、专业选修课和实践环节共四个模块构成。经过多次优化，课程体系如表7-1所示。除了必修课程之外，允许学生根据自身兴趣和发展方向在其他模块的课程列表中进行个性化选课，修满规定学分可以获得微专业证书。在构建课程体系的过程中，不仅充分考虑了学生来自不同专业的实际情况，尊重不同专业学生的发展意愿，而且结合了跨境电商企业的岗位需求，同时通过设置与创业相关的专业选修课程，兼顾了跨境电商创新创业的人才培养。

表7-1　跨境电商微专业课程体系

| 课程类别 | 课程名称 | 学分 | 开课学期 | 学时（周） | 备注 |
|---|---|---|---|---|---|
| 专业基础课 | 跨境电商基础 | 2 | 第5学期 | 30学时 | |
| | 跨境电商英语 | 2 | 第5或6学期 | 30学时 | |
| 专业核心课 | 跨境电商B2C平台运营 | 2.5 | 第5或6学期 | 45学时 | 二选一 |
| | 跨境电商B2B贸易实务 | 2.5 | 第5或6学期 | 45学时 | |
| | 跨境电商美工 | 2.5 | 第5或6学期 | 45学时 | |
| | 跨境电商数据分析 | 2 | 第6学期 | 30学时 | |
| 专业选修课 | 跨境电商知识产权 | 1 | 第5学期 | 15学时 | 五选二 |
| | 跨境电商案例分析 | 1 | 第6学期 | 15学时 | |
| | 跨境物流和供应链 | 1 | 第6学期 | 15学时 | |
| | 跨文化交流 | 1 | 第5学期 | 15学时 | |
| | 跨境电商财税 | 1 | 第6学期 | 15学时 | |
| 实践环节 | 跨境电商综合实训 | 10 | 第7学期 | 250学时 | 二选一 |
| | 跨境电商企业实训 | 10 | 第7学期 | 10周 | |
| 合计 | | 23 | | 460学时 | |

由于大部分跨境电商微专业课程属于"额外加餐"的课程，需要学生投入更多的时间和精力来学习，在培养机制上允许学生用相近的课程进行学分互换，如允许外语专业的学生用原专业英美国家概况替代跨文化交流，学过商务英语课程可以替代跨境电商英语的学分。部分学生由于时间冲突无法完成线下课程学习，允许通过参加慕课学习并通过考核后进行学分互认。对于跨境电商综合实训课程，采用更灵活的教学形式，既允许学生参加校内跨境电商综合实训，也允许学生直接到跨境电商企业实习10周以上来代替校内实训，提前让学生接触跨境岗位，为后面的跨境实习和就业做好无缝对接。

### 3. 跨境电商微专业生源和开班结业情况

钱江学院跨境电商微专业于2017年在全国本科院校中开设，主要结合学生的意愿和兴趣进行招募，每期报名人数不设上限，至今已开设6期，报名学生主要覆盖电子商务、市场营销、经济学、英语、会计学、计算机科学与技术等10余个专业，至今已经有4期学生获得微专业证书，报名和获得微专业证书的基本情况如表7-2所示。

**表7-2 跨境电商微专业报名和获得微专业汇总情况**

| 期数 | 报名人数 | 获得证书人数 | 获得证书比例 |
|------|----------|--------------|--------------|
| 第一期 | 35 | 18 | 51.4% |
| 第二期 | 97 | 42 | 43.3% |
| 第三期 | 143 | 67 | 46.9% |
| 第四期 | 101 | 40 | 39.6% |

### （二）基于产教融合的跨境电商微专业运营类人才培养举措

#### 1. 注重师资队伍建设

#### （1）跨专业组建跨境电商教研室

为了能积极有效地开展跨境电商人才培养工作，钱江学院于2018年开始组建了跨境电商教研室。该教研室成员由电子商务、市场营销、经济学、旅游管理和会计专业的骨干教师组成，加上行业特聘兼职讲师，共有教师20人，其中教授4人、副教授5人、副高以上职称的教师占教师总数的45%。跨专业教研室的组建为教师开展多元化的教学和科学研究奠定了坚实的基础。

#### （2）聘请业界精英进课堂

除了做好校内师资培养之外，聘请跨境电商行业的业界精英进课堂也是深化产教融合的重要举措。跨境电商教研室每年都会邀请具有一定理论知识和丰富实践技能的行业精英开设专题讲座、承担课程教学或指导校外的实训项目教学和创业孵化。近3年，钱江学院与浙江省内10余家知名跨境电商企业开展深度融合，并聘请跨境企业负责人或业务主管为钱江学院特聘讲师。通过业界精英进课堂的方式，学生不仅可以及时了解跨境电商发展最新资讯，而且可以学习跨境平台最新运营规则并系统掌握运营技能，同时也为企业物色跨境人才奠定基础，实现跨境企业与高校的优势互补、资源共享、互惠互利和共同发展，为应用型跨境电商人才培养提供了师资保障。

（3）推进"双师型"师资培养

针对高校跨境电商师资素质能力较为薄弱的情况，钱江学院积极开展"双师型"师资队伍建设。一方面，学院全力支持专任教师参加各类跨境电商培训；另一方面，鼓励骨干教师到跨境电商企业或跨境电商综试区挂职锻炼，这也为后续基于产教融合的跨境电商人才培养注入了丰富的资源。经过多年"走出去+引进来"模式的积累，跨境电商专任教师已经具备跨境电商主流平台运营经验，教师在跨境电商领域的社会服务能力得到显著提高。

2. 产教融合共建优质课程

产教融合是实现应用型本科院校自我发展及服务地方经济发展的重要途径，与跨境电商企业进行深度产教融合，培养跨境电商运营类人才的实践探索将有助于弥补地方本科院校对跨境电商运营类人才培养的短板，缩小企业对跨境电商运营类人才需求的差距。为了真正提升跨境电商微专业学生的运营技能，钱江学院非常注重产教融合视域下跨境电商人才协同培养理念，近几年与多家跨境电商企业开展各项校企合作项目，并将合作项目融入跨境电商课程，开课前高校和企业共同开发课程教学大纲，教学内容侧重跨境电商工作过程和岗位能力的培养，并积极探索线上线下相结合的翻转课堂教学模式，注重理论和实践相结合的能力培养。

以微专业课程跨境电商B2C平台运营为例，由于跨境电商涉及多个主流B2C平台，并且运营规则也存在较大差异，因此，在校内师资有限的情况下，钱江学院通过与多家跨境企业开展校企合作，开设基于不同平台开设不同方向的课程。部分跨境电商平台运营课程由企业讲师主讲，高校教师以助教的身份全程跟踪参与。通过该模式校企课程共建，高校根据人才培养方案顺利完成教学任务；学生考核合格后可以抵扣相近课程的学分；企业授课教师在授课过程中对学生的学习和掌握情况有了较为清晰的了解，为优秀学生进入跨境企业实习或就业实现无缝对接创造了条件，实现了多方共赢。

3. 依托产教融合共建跨境电商教材

教材是开展跨境电商专业建设、培养跨境电商人才的重要抓手。在跨境电商教材相对比较稀缺的情况下，钱江学院高度重视跨境电商教材建设工作，通过经费支持积极鼓励任课教师主持或参加跨境电商教材的编写。近3年，学院跨境电商专任教师牵头出版了《跨境电子商务概论》《跨境电商eBay立体化实战教程》《跨境电商速卖通立体化实战教程》《电商美工》和《跨境电商视觉营销》共5本跨境电商系列教材。

为了进一步发挥教材在提升人才培养质量中的基础性作用，确保高质量教材进课堂，学院跨境电商教研室继续推进教学建设（教材专项）培育项目，其中以新形态立体化教材建设为标准，鼓励教师联合其他高校和跨境电商企业共同编写产教融合的跨境电商教材，在接下来的一至两年内将联合其他高校教师和跨境电商企业共同推出《跨境电商B2C多平台运营》《跨境电商：跨文化交际》《跨境电商数据分析》《跨境电商案例分析》《跨境电商财税》《跨境电商英语》《跨境电商品牌营销》等跨境电商系列教材。

4. 积极建设跨境电商慕课

为了能更加灵活地开展跨境电商人才培养，钱江学院从2019年就开始注重跨境电商慕课的建设，至今已经在浙江省高等学校在线开放课程共享平台完成电子商务概论、跨境电商基础、跨境电商B2C平台运营、跨境电商B2B贸易实务、电商美工和跨境电商财税等课程的慕课建设。其中，电商美工被认定为浙江省线上一流本科课程，跨境电商运营、电子商务概论认定为省级线上线下混合式一流本科课程，任课教师采用线上线下混合式教学模式，不断优化课程资源和提高教学质量，真正夯实学生的理论基础和实践技能。

**（三）跨境电商微专业人才培养成效**

1. 跨境电商微专业满意度高

目前，钱江学院跨境电商微专业已经有4期学生完成学业并获得证书，根据学生满意度调查统计，该微专业学生对其培养的满意度评价较好，其中第3期学生表示非常满意，并且满意度达到100%，总体而言，微专业学生对跨境电商微专业的培养机制、课程设置和教学内容等方面都非常满意。

2. 跨境电商就业匹配度高

除了学校每年秋季组织的大型跨境电商专场招聘会之外，为了便于学生开展暑期见习和毕业实习，跨境电商微专业教研室在每年5月至6月也会面向微专业学生组织小规模的跨境电商企业实习就业双选会，其中大部分企业是跨境电商校企合作企业或者是主动找上门有明确跨境电商招聘需求的企业,通过双选,学生在大三暑假就可以进入企业见习,校内指导教师跟踪指导,很多学生在两个月的暑期见习中和跨境电商企业相互认可。此外,学校还提供通过企业实训代替校内综合实训的灵活机制,在提前申请和答辩后,允许部分学生通过不少于10周的跨境电商企业实训抵扣跨境电商校内综合实训学分。校内综合实训结束后就进入毕业实习阶段,这样从7月份开始到年底,学生至少在跨境企业有半年的锻炼,跨境运营能力得到大幅度提高,并且和跨境企业也建立了紧密的联系,提升了学生就业的核心竞争力。截至2022年7月,已经毕业了4期微专业学生,为以杭州为中心辐射浙江各地区的跨境电商企业输送了近150名跨境电商运营类人才,学生毕业后从事跨境电商的匹配度超过70%。

3. 跨境电商创业热情高涨

跨境电商微专业大部分学生都选择就业,但也有部分学生活跃在跨境电商创新创业的一线。其中第一期跨境电商微专业学生所创办的企业主营女鞋类目,入驻速卖通、Shopee、Lazada等多个平台,并在泰国自建海外仓,2022年销售额预计突破8000万元。在学长们的示范作用下,后续每一期都有学生选择创业之路,转战亚马逊、Shopee、速卖通等跨境平台,经营类目涉及宠物用品、睡衣、女装等,取得了不俗的业绩。

4. 学赛结合提质创优

学科竞赛作为高校人才培养的重要环节,跨境电商微专业专任教师不仅在课堂上传授专业知识,而且鼓励学生积极参加各类跨境电商比赛,学生参与率与获奖率逐年提升。在备赛过程中,参赛团队会遇到店铺运营、供应链、海外营销推广和售后等问题,通过解决实际问题很好地锻炼了学生团队提高自我和突破自我的能力。近几年,学生团队多次获得浙江省电子商务竞赛一、二等奖,大学生职业生涯规划创业大赛一等奖,浙江省"互联网+"大学生创新创业大赛金奖等荣誉。在2021年eBay全国性跨境电商创新创业大赛和2022年第十二届全国大学生电子商务"创新、创意、创业"挑战赛跨境电商实战赛终极赛中均获得全国总决赛特等奖,充分营造了"以赛促学、学赛结合"的良好氛围,真正达到以赛促学的效果。

### 三、案例启示

#### （一）产教融合是提升人才培养质量的关键

云南工商学院和钱江学院的案例均表明，产教融合是提升人才培养质量、满足行业需求的有效途径之一。通过与企业深度合作，高校能够更准确地把握行业动态和岗位需求，从而调整课程设置和教学内容，使学生所学知识与实际应用紧密结合。这种合作模式不仅提高了学生的实践能力，提升了学生的就业竞争力，而且为企业输送了符合需求的高素质人才。

#### （二）专业型社团在产教融合中发挥重要作用

云南工商学院电子商务协会的实践证明，专业型社团可以作为产教融合的重要载体。社团通过组织各类活动、承接企业项目、开展学术研究等，为学生提供了丰富的实践机会和学术交流平台。这种以社团为中心的合作模式有效激发了学生的学习兴趣和创新能力，增强了社团的凝聚力和影响力。

#### （三）微专业模式为人才培养提供新路径

钱江学院跨境电商微专业的探索，为地方高校培养跨境电商运营类人才提供了新路径。微专业模式通过提炼岗位核心技能、构建课程体系、开展实习实践等方式，使学生在短期内掌握相关岗位的工作技巧和方法，实现了快速就业和职业化提升的目的。这种模式不仅满足了行业对人才的迫切需求，而且为高校人才培养模式的创新提供了有益借鉴。

#### （四）师资队伍建设是产教融合的重要保障

案例强调师资队伍建设在产教融合中的重要性。无论是云南工商学院还是钱江学院，都通过组建跨专业教研室、聘请业界精英进课堂、推进"双师型"师资培养等方式，加强了师资队伍建设。这些措施不仅提升了教师的教学水平和科研能力，而且为产教融合的深入开展提供了有力保障。

#### （五）学科竞赛与创业实践是提高能力的有效方式

学科竞赛和创业实践是提高学生能力、促进产教融合的有效途径。通过参与竞赛和创业实践，学生能够将所学知识应用于实际问题解决中，锻炼自己的团队协作能力、创新思维和解决问题的能力。同时，这些活动也为学生提供了展示自我、提升自信心的舞台，为未来的职业发展奠定了坚实的基础。

# 第八章　电子商务专业师资队伍建设

## 第一节　电子商务专业师资队伍的现状与挑战

### 一、师资队伍的现状

#### （一）师资队伍规模与结构

1. 师资队伍规模扩大的滞后性

当前，随着电子商务行业的迅猛发展，电子商务专业师资队伍的规模也在逐步扩大。这种扩大速度并未能完全跟上行业发展的步伐，呈现出一种相对的滞后性。这种滞后性表现在师资队伍的增长速度远低于电子商务行业的增长速度，导致人才供给与行业需求之间存在明显的差距。具体而言，虽然各学校纷纷增设电子商务专业并积极招聘相关教师，但是师资队伍的总体数量和质量仍未能满足行业快速发展的需求。这种滞后性不仅影响了电子商务专业的教学质量，而且制约了该专业的进一步发展，因此需要深刻认识到这种滞后性带来的问题，并积极寻求解决方案。

2. 师资队伍结构的不完善性

多元化的背景虽然在一定程度上丰富了教学内容，但是同时也暴露出结构上的不完善。具体而言，在现有的师资队伍中，真正具备深厚电子商务理论知识和丰富实践经验的教师仍较为稀缺。很多教师虽然拥有电子商务、计算机科学、市场营销等背景，但是对电子商务的深层次理解和实践经验相对较少。这导致他们在教学中难以给予学生全面、深入的指导，也无法很好地将理论知识与实践相结合。此外，由于电子商务行业的快速变化和不断创新，教师需要不断更新自己的知识体系和实践经验，以适应行业发展需求。目前师资队伍中具备这种持续学习和创新能力的教师并不多，这也进一步加剧了师资队伍结构的不完善性。

3. 理论与实践经验的匮乏

在电子商务专业师资队伍中，真正具备深厚电子商务理论知识和丰富实践经验的教师仍然较为稀缺，这种稀缺性不仅影响了教学质量，而且制约了电子商务专业的科研水平和创新能力。目前很多教师虽然具备相关学术背景，但是对电子商务的深层次理论理解不足，导致他们在教学中难以给予学生全面、深入的指导，也无法很好地引导学生进行深入研究和学习。电子商务是一个实践性很强的专业，需要教师具备丰富的实践经验来指导学生进行实践操作。目前很多教师缺乏实践经验，导致他们在教学中难以将理论与实践相结合，也无法为学生提供有效的实践指导。

**（二）教学水平与科研能力**

1. 教学内容与实际应用脱节

部分教师的教学内容与电子商务行业的实际应用存在一定的脱节。这种脱节并非缘于教师教学水平的不足，而是他们缺乏实际行业经验导致的。这些教师可能在理论层面上对电子商务有深入的理解，但在将理论知识转化为实际应用时，却显得力不从心。这种脱节现象表现在多个方面：首先，教学内容与行业需求的不匹配。由于缺乏实际行业经验，一些教师可能无法准确把握电子商务行业的最新动态和实际需求，他们教授的内容与行业的真实情况存在偏差。其次，教学方法的陈旧。部分教师可能过于依赖传统的教学方式，如照本宣科或纸上谈兵，从而忽视了对学生实际操作能力的培养。在这种情况下，学生即使掌握了丰富的理论知识，也难以将其应用于实际工作中。这种脱节不仅影响学生的学习效果，而且可能对他们的职业发展造成负面影响。在竞争激烈的电子商务行业中，企业更倾向于招聘那些具备实际操作经验和行业洞察力的毕业生。如果教学内容与实际应用脱节，那么学生在就业市场上可能会面临较大的竞争压力。

2. 科研水平与高质量成果的稀缺性

在电子商务领域的科研工作中，尽管一些学校和科研机构已经取得了一定的研究成果，但整体而言，高水平的科研成果仍然显得尤为稀缺。这一问题的根源在于多个方面，包括但不限于研究资源分配不均、科研团队协作效率不高、研究方法创新性不足等。电子商务作为一个快速发展的领域，其研究需要大量的数据支持、先进的技术设备和专业的研究人员。目前一些学校和科研机构在研究资源的投入上仍显不足，直接限制了科研工作的深入开展。在电子商务研究中，跨学科的交流和合作显得尤为重要。由于学科壁垒、沟通不畅、利益分配不均等问题，科研团队之间的协作往往难以达到最佳状态，从而影响研究成果的创新性和实用性。随着电子商务行业的不断发展，新的研究问题和挑战层出不穷。一些研究人员可能仍然沿用传统的研究方法，导致研究成果难以突破现有的理论框架和实践应用。高水平的科研成果稀缺不仅影响了学术界对电子商务领域的深入理解和探索，而且制约了行业的创新和发展。

　　3. 师资队伍与行业需求的不对称性

　　目前电子商务专业师资队伍的建设与行业的需求存在一定的不对称性。这种不对称性主要体现在师资队伍的专业背景、实践经验和行业认知等方面。尽管这些教师在各自的专业领域内有着深厚的理论基础，但电子商务作为一个融合多个学科的综合性领域，需要更广泛的知识体系和跨学科的思维方式。单一的专业背景可能限制了教师对电子商务整体框架和深层次问题的理解。目前一些教师可能缺乏在电子商务企业工作或实习的经历，导致他们对行业的实际操作流程、市场动态、消费者需求等方面的了解不够深入。这种实践经验的匮乏不仅影响了教师的教学质量，而且制约了他们在科研工作中的创新性和实用性。电子商务行业日新月异，新的技术、模式和趋势层出不穷。一些教师可能由于忙于教学工作或其他原因，无法及时关注行业的最新动态和发展趋势，他们的知识体系与行业实际需求存在一定的脱节。

## 二、师资队伍面临的挑战

### （一）知识更新迅速的挑战

　　1. 电子商务行业的迅猛发展与师资队伍知识更新的滞后性

　　电子商务作为一个充满活力的行业，近年来呈现出爆炸式增长。随着互联网技术的不断进步，新的电子商务技术、交易模式、商业理念层出不穷，如大数据分析、人工智能推荐系统、物联网应用等，这些都极大地改变了电子商务的运作方式和商业模式。这种快速变化对行业人才，尤其是教育和培训领域的人才提出了更高的要求。与此同时，电子商务专业的师资队伍在知识更新方面却显示出一定的滞后性。部分教师由于长期专注于传统的教学内容和研究方法，对于新兴技术和理念的接受能力和学习能力有限，他们的知识体系难以与行业发展同步，无法及时将最新的电子商务理论和实践成果融入教学之中。

2. 师资队伍对新技术的认知和学习能力的局限性

电子商务行业的快速发展，不仅要求师资队伍具备扎实的专业知识，而且要求他们具备对新技术的敏锐洞察力和快速学习能力。目前部分电子商务专业的教师在这方面存在明显的局限性。一方面，由于年龄、教育背景、个人兴趣等因素的影响，一些教师对新技术的接受程度有限。他们可能更倾向于沿用传统的教学内容和方式，而对新兴技术（如云计算、区块链等）持有谨慎甚至抵触的态度。这种心态限制了他们主动学习和掌握新技术的动力，导致教学内容与行业需求脱节。另一方面，即使部分教师意识到学习新技术的重要性，但由于缺乏系统的学习途径和资源，或者面临繁重的教学和科研任务，他们往往难以投入足够的时间和精力深入学习，进一步加剧了师资队伍知识体系陈旧的现状。

3. 教学内容的陈旧与学生学习需求的矛盾

随着电子商务行业的不断发展，学生对专业知识的需求也在不断变化。他们渴望了解最新的行业动态，掌握前沿的技术知识，以便在未来的职业生涯中具备竞争力。部分教师难以跟上行业发展的步伐，教学内容陈旧，无法满足学生的学习需求。这种矛盾不仅影响了学生的学习兴趣和积极性，而且可能导致他们在未来的就业市场中处于不利地位，因为企业在招聘电子商务人才时，更倾向于那些具备最新知识和技能的应聘者。

（二）实践教学的挑战

1. 实践教学条件与真实电子商务环境脱节

实践教学在电子商务专业教育中占据着举足轻重的地位，其目的在于通过实际操作，使学生深入理解和掌握电子商务的运作机制。当前学校在实践教学环节中，普遍面临着教学条件与真实电子商务环境脱节的问题。具体而言，实践教学的场地、设备和软件等条件往往难以完全模拟真实的电子商务环境。一方面，由于资金投入、技术更新等方面的限制，学校可能无法及时引进和更新先进的电子商务模拟软件或系统，实践教学环境与实际行业环境存在显著差异。另一方面，真实的电子商务环境涉及众多复杂的商业行为和市场动态，这些因素难以在有限的实践教学环境中得到全面而准确的体现。这种脱节现象不仅会影响实践教学的效果，而且可能误导学生对电子商务行业的认知。在模拟环境中获得的操作经验和技能，可能在实际工作场景中难以得到有效应用，从而增加学生的适应成本和行业的培训成本。

2. 实践教学的组织与管理难题

实践教学的组织与管理是确保教学质量和效果的关键环节。在当前学校电子商务专业的实践教学中，这一环节同样面临着诸多挑战。实践教学的组织需要考虑到学生的个体差异和多样化需求。由于学生的专业基础、学习兴趣、实践能力各不相同，如何制订合理的教学计划和分组安排，以确保每名学生都能在实践教学中得到有效的锻炼和提升，成为一个亟待解决的问题。实践教学的管理涉及学生的参与度、实践成果的评估与反馈等多个方面。由于实践教学往往以团队或小组的形式进行，如何确保每名学生的参与度，如何公正客观地评估学生的实践成果，并给予及时有效的反馈，是实践教学管理中不可忽视的问题。目前很多学校在这方面的管理机制仍不够完善，导致实践教学的效果难以得到全面而准确的衡量。

3. 学生参与度与实践效果评估的困境

在电子商务专业的实践教学中，学生的参与度和实践效果的评估是衡量教学质量的重要指标。在实际操作过程中，这两个方面均存在一定的困境。就学生参与度而言，由于实践教学环节相对自由灵活，部分学生可能缺乏足够的自律性和主动性，参与度不高。此外，一些学生对实践教学的重视程度不够，认为其只是理论教学的附属品，从而影响了他们的参与热情。在实践效果评估方面，由于实践教学成果的呈现形式多种多样，如项目报告、实操演示、案例分析等，这给评估工作带来了一定的难度。同时，评估标准的制定也存在一定的主观性和差异性，导致实践效果的评估结果可能不够客观和准确。这种困境不仅会影响实践教学的质量监控和提升，而且可能挫伤学生的积极性和创造力。

**（三）跨学科融合的挑战**

**1. 电子商务的跨学科特性与教学挑战**

电子商务作为一个融合信息技术、市场营销、物流管理、法律规范等多个学科的综合性领域，其复杂性和多样性对专业教师提出了极高的要求。在这个背景下，电子商务专业的师资队伍必须具备跨学科的知识和技能，以适应这一领域不断发展和变化的需求。在现实教学中不难发现，很多教师往往只在自己擅长的专业领域内有着深厚的造诣，却缺乏对其他相关学科的深入了解。电子商务的跨学科特性使得教师在教学过程中必须能够灵活运用多个学科的知识，引导学生从多角度、多层次去理解和分析电子商务现象。例如，在分析一个电子商务平台的运营模式时，不仅需要运用市场营销的理论去解释其市场定位和推广策略，而且需要借助信息技术的知识去剖析其技术架构和信息安全措施，同时，也需考虑物流管理和法律规范等因素。这就要求教师自身必须具备全面的跨学科知识储备。现实中很多教师由于长期专注于自己的专业领域，对其他相关学科的知识更新和发展动态关注不足，在教学过程中难以实现不同学科知识的有效融合。这种融合不仅仅是知识层面的简单叠加，更需要在思维方式和研究方法上实现跨学科的整合与创新。

**2. 科研活动中的跨学科融合难题**

电子商务领域的快速发展，不断催生新的问题和挑战，需要科研人员从多个学科的角度进行深入研究。由于很多教师缺乏跨学科的知识和视野，他们在科研活动中往往难以跳出自己的专业领域，从更宽广的视角审视和解决问题。这种局限性不仅限制了科研活动的深度和广度，而且可能导致研究结果的片面性和局限性。例如，在研究电子商务平台的用户行为时，如果仅从信息技术的角度进行分析，可能会忽视用户心理、社会文化等方面的因素，从而影响研究的全面性和准确性。教师跨学科知识和技能的缺乏，在科研活动中同样表现为难以实现不同学科之间的有效融合和创新。

### 3. 师资队伍建设的跨学科需求与现实差距

随着电子商务领域的不断拓展和深化，对具备跨学科知识和技能的师资队伍的需求也日益迫切，在当前的师资队伍建设中，仍面临着巨大的挑战。一方面，现有的教师培训和发展机制往往侧重单一学科的提升和深化，忽视了对教师跨学科能力的培养；另一方面，受到传统学科划分和教育体制的影响，教师在职业发展过程中也缺乏足够的跨学科交流和合作机会。这种现实差距不仅制约了电子商务专业师资队伍的整体素质和能力的提高，而且阻碍了电子商务教育和科研活动的创新与发展。如何加强师资队伍的跨学科知识和技能培养，缩小与现实需求的差距，成为当前电子商务教育领域亟待解决的问题。

### （四）国际化发展的挑战

#### 1. 国际化视野的缺失与限制

随着全球化的不断演进，电子商务已经从一个地区性的现象转变为全球性的经济活动。这种转变要求电子商务专业的师资队伍不仅要在专业领域内有所建树，而且要具备宽广的国际化视野。在现实中，许多教师在这一方面的表现并不尽如人意。首先，国际化视野的缺失体现在对全球电子商务发展趋势的洞察力不足。由于缺乏与国际同行的深入交流和合作，部分教师难以准确把握全球电子商务的最新动态和发展方向。这种局限性不仅影响了教学内容的时效性和前瞻性，而且可能导致学生无法接触到最前沿的电子商务理念和实践。其次，国际化视野的缺失还表现在对多元文化的理解和接纳能力不足。在全球化的背景下，电子商务活动往往涉及不同国家和地区的文化差异。如果教师缺乏对不同文化的敏感性和理解力，就难以在跨境电子商务教学中为学生提供有效的指导。这种能力的缺失不仅限制了师资队伍在国际化方面的发展，而且可能对学生的职业发展造成不利影响。

#### 2. 国际交流经验的匮乏与影响

目前很多电子商务专业的教师缺乏国际交流的经验，这无疑成为他们国际化发展的一大障碍。由于种种原因，如资金限制、时间冲突等，部分教师鲜有机会参与国际学术会议、研讨会或访问学者等交流活动。这种经验的匮乏导致他们对国际电子商务领域的最新研究成果和实践动态了解不足，难以将国际先进的电子商务理念和技术引入自己的教学与科研中。此外，国际交流经验的缺乏还可能影响教师的跨文化沟通能力。在跨境电子商务活动中，有效的跨文化沟通是至关重要的。如果教师缺乏与国际同行沟通的经验和技巧，就难以在国际合作中发挥积极作用，从而限制了师资队伍在国际化方面的创新和发展。

3. 对国际电子商务市场了解的不足与后果

由于对国际电子商务市场的运营模式、消费者行为、法律法规等方面了解不够深入，部分教师在进行相关教学时往往力不从心。他们可能难以提供有针对性的指导和建议，导致学生在面对实际的跨境电子商务问题时感到无所适从。同时，对国际电子商务市场了解的不足还可能影响教师的科研方向选择和研究方法应用。如果教师无法准确把握国际电子商务市场的发展趋势和热点问题，就难以开展具有前瞻性和创新性的科研工作。这不仅限制了师资队伍在国际化方面的科研能力的提高，而且可能影响整个电子商务专业的发展水平。[①]

## 第二节 教师专业发展和能力提升的途径与方法

### 一、深化专业知识学习

#### （一）深化电子商务基础理论的学习

电子商务模式描述了企业如何通过互联网进行商业活动，包括B2B、B2C、C2C等多种类型。了解这些模式的特点、优势和局限性，有助于教师在教学过程中帮助学生理解电子商务的运营机制和市场定位。教师需要深入了解平台的架构、功能、运营策略，从而能够指导学生如何有效地利用电子商务平台进行商业活动。这包括但不限于平台选择、商品上架、营销推广、客户服务等各个环节的操作与管理。在电子商务环境中，营销策略的制订与

---

① 李增辉，赵甜. 数字时代学校跨境电子商务课程教学模式研究［J］. 老字号品牌营销，2024（9）：210–212.

实施直接关系到企业的市场竞争力。教师应掌握搜索引擎优化、社交媒体营销、内容营销等现代网络营销手段，帮助学生提高在线推广和销售的能力。通过深化对电子商务基础理论的学习，教师可以更全面地理解电子商务的内在逻辑和运作机制，为高质量的教学提供坚实的理论保障。

**（二）关注电子商务法规及相关制度的动态**

电子商务法规及相关制度是规范电子商务市场、保障交易双方权益的重要依据。随着电子商务行业的快速发展和全球化趋势，相关法规与制度也在不断更新和完善。电子商务教师必须密切关注这些动态，以确保教学内容的时效性和准确性。教师需要定期查阅了解国家及国际层面关于电子商务的最新法规和相关制度。这包括但不限于消费者权益保护、数据隐私保护、跨境贸易规则等方面的内容。通过及时跟进这些变化，教师可以帮助学生更好地理解和遵守相关法规，降低学生在电子商务实践中可能遇到的法律风险。此外，教师还应关注行业自律规范和标准。电子商务行业协会、组织等经常会发布一些行业标准和最佳实践指南，以指导企业合规经营。了解这些内容有助于教师引导学生形成良好的商业道德和职业操守。[1]

**（三）掌握计算机科学和信息技术知识以指导实践**

教师需要熟悉网络编程技术，包括HTML、CSS、JavaScript等前端技术，以及PHP、Java、Python等后端编程语言。掌握这些技术可以帮助教师更好地理解电子商务网站的构建过程，从而指导学生进行网站开发和维护。电子商务系统中涉及大量的数据存储和查询操作，教师需要了解关系型数据库（如MySQL、Oracle等）的基本原理和操作技巧。这将有助于学生掌握数据管理的核心技能，提高电子商务系统的运行效率。随着网络安全威胁的不断增加，保护电子商务系统的安全性和稳定性显得尤为重要。教师需要了解常见的网络安全攻击手段（如SQL注入、跨站脚本攻击等）及相应的防御措施（如防火墙配置、加密技术等），确保学生在实践中能够有效应对网络安全挑战。

---

① 孟祥梅. 基于课堂革命的"电子商务法"课程教学改革实践［J］. 科学咨询（教育科研），2023（11）：129–131.

## 二、提高教学实践能力

### （一）创新教学方法的探索与实践

通过引导学生参与实际的电子商务项目，让学生在解决问题的过程中掌握知识和技能。在项目式教学中，教师需要精心设计项目任务，明确项目目标和要求，并指导学生进行项目规划和实施。通过这种方式，学生可以在实践中学习电子商务的运营策略、市场推广、客户服务等方面的知识，同时培养团队协作和项目管理的能力[①]。通过引入真实的电子商务案例，让学生分析、讨论和解决问题，从而加深对电子商务理论和实践的理解。在案例教学中，教师需要选择合适的案例，引导学生进行深入的分析和讨论，并鼓励学生提出自己的见解和解决方案。这种方法可以帮助学生建立对电子商务行业的直观认识，提高分析问题和解决问题的能力。情境教学是一种创新的教学方法，通过模拟真实的电子商务环境，让学生在情境中学习和实践。教师可以利用多媒体和网络技术，创建逼真的电子商务场景，如在线购物平台、电子支付系统等。在这种情境下，学生可以扮演不同的角色，如买家、卖家、平台运营者等，通过模拟交易、客户服务等实际操作，深入体验电子商务的运营流程和业务逻辑。情境教学能够激发学生的学习兴趣，提高他们的实践能力和创新思维。

### （二）加强实践教学环节的重要性与实施策略

实践教学能够帮助学生将理论知识与实际操作相结合，深化对电子商务的理解和应用。通过参与实践项目、实习实训等活动，学生可以在实际操作中运用所学知识，发现问题并寻求解决方案。这种实践过程不仅巩固了学生的理论基础，而且提高了他们的动手能力和问题解决能力。在电子商务实践中，学生需要面对各种挑战和问题，这要求他们具备创新思维和解决问题的能力。同时，实践教学中的团队协作也锻炼了学生的沟通和协作技巧，为未来的职业发展奠定坚实的基础。为了加强实践教学环节，电子商务教师需要采取一系列实施策略：首先，教师可以积极联系企业、行

---

① 薛巍. 项目教学法在电子商务教学中的应用［J］. 新课程教学（电子版），2024（6）：180–182.

业协会等组织，为学生搭建实践平台，提供真实的实践机会；其次，教师可以根据课程内容和行业需求设计实践项目，让学生在项目中锻炼实践能力；最后，教师可以鼓励学生参加电子商务竞赛、创业计划大赛等活动，通过竞赛激发学生的实践热情和创新精神。

### （三）提高学生实践能力的途径与方法

教师可以利用校内外实习实训基地，为学生提供真实的电子商务环境进行实践操作。通过与企业合作建立实训基地，学生可以亲身参与电子商务的实际运营过程，了解行业运作模式和业务流程。这种实践方式能够让学生更加直观地理解电子商务的运作机制，并培养他们的实际操作能力。例如，举办电子商务技能竞赛、创新创业大赛等，让学生在竞赛中锻炼自己的实践能力和团队协作能力。同时，教师还可以鼓励学生参与社会服务项目，如为中小企业提供电子商务解决方案，让学生在服务社会的过程中提高自己的实践能力，增强社会责任感。教师通过建立在线实验室、模拟交易平台等虚拟实践环境，让学生随时随地进行实践操作和学习。这种方式不仅方便学生进行自主学习和探索实践，而且能有效地提高学生的实践能力并培养其创新思维。同时，教师还可以利用网络资源丰富实践教学的内容和形式，如引入行业专家的在线讲座、分享实际案例等，让学生在多样化的学习环境中不断提高自己的实践能力。

## 三、拓宽跨学科视野

### （一）电子商务的综合性特点与教师的跨学科视野

电子商务知识体系广泛的特点决定了电子商务教师不局限于本专业的知识，而必须具备跨学科的视野和能力。跨学科视野，即能够横跨多个学科领域，从多角度、多层次理解和分析问题的能力，是电子商务教师不可或缺的专业素养。电子商务不仅涉及技术层面的知识，如网络编程、数据库管理等，而且与经济、管理、法律等多个领域紧密相连。电子商务教师需要广泛涉猎相关学科知识，深入理解这些学科与电子商务的内在联系，从而能够更全面地把握电子商务的发展趋势和市场需求。

### （二）跨学科学习与研究的重要性

通过跨学科学习，教师可以更深入地理解电子商务的经济学原理，掌握市场运行机制，从而在教学中更好地引导学生分析电子商务市场中的供需关系、价格机制等问题。管理学知识能够帮助教师了解企业运营管理的核心理念和方法，进而指导学生如何优化电子商务平台的运营策略，提升企业的竞争力，扩大企业的市场份额。法学知识是保障电子商务交易安全、规范市场秩序的关键。教师需要关注电子商务法律法规的最新动态，确保学生在实践中能够依法合规地进行商业活动。此外，跨学科学习还有助于教师发现不同学科之间的交叉点和融合点，从而创新教学方法和手段。例如，教师可以借鉴其他学科的教学案例和实践经验，将其融入电子商务教学中，丰富教学内容和形式，提升学生的学习兴趣和参与度。

### （三）跨学科视野在教学中的实际应用与价值体现

具备跨学科视野的电子商务教师在教学中能够更好地引导学生认识电子商务的多元价值。在课程内容设计上，教师可以将不同学科的知识点和技能点有机融合，构建一个更加完整、系统的电子商务知识体系。这样不仅可以帮助学生建立全面的知识框架，而且可以培养他们的综合素质和创新能力。在教学方法上，跨学科视野有助于教师创新教学手段和策略。例如，教师可以采用项目式教学法，引导学生综合运用多学科知识解决实际问题。这些教学方法能够激发学生的学习兴趣和主动性，提高他们的实践能力和团队协作能力。电子商务行业不仅需要具备专业技能的人才，而且需要具备良好职业素养和道德品质的从业者。通过跨学科的教育引导，教师可以帮助学生树立正确的价值观和职业观，培养他们的社会责任感和职业道德意识。

## 四、强化科研能力

### （一）科研活动在教师专业发展中的关键作用

科研作为教师专业发展的重要途径，对于电子商务教师而言，具有不可替代的价值。在知识更新迅速、技术日新月异的电子商务领域，教师通过科研活动，不仅能够跟进行业的最新动态，而且能够不断深化和拓展自身的专业知识。科研不仅是对已知知识的探索和验证，而且是对新知识的追求和创新，它要求教师具备敏锐的问题意识、严谨的研究方法和不断学习的精神。通过参与科研，电子商务教师可以更加系统地研究电子商务的理论和实践问题，提升自身的学术造诣。这种学术水平的提升不仅提高了教师的专业素养，而且为其在教学中的自信和权威奠定了坚实的基础。

**（二）科研与教学的相互促进关系**

电子商务领域的热点问题众多，如大数据在电子商务中的应用、电子商务平台的创新发展、消费者行为研究等。教师可以针对这些问题开展实证研究或案例研究，通过收集数据、分析数据，探索电子商务发展的新趋势和新模式。这种深入的研究不仅能够为学术界带来新的视角和见解，而且能够为实际教学提供丰富的素材和案例。当教师将自己的科研成果转化为教学内容时，这些经过深入研究和验证的知识无疑会大大丰富课堂教学资源，使教学内容更加前沿、专业和有针对性。学生在这样的教学环境中不仅能够接触到最新的电子商务理论和实践，而且能够在教师的引导下培养批判性思维和创新能力。

**（三）科研对教师教学能力的提高**

在科研过程中，教师需要不断学习与掌握新的研究方法和技术，这种学习过程本身就是对教师知识储备和教学技能的锤炼。同时，科研活动还能够培养教师的逻辑思维能力和问题解决能力，这些能力在教学过程中同样至关重要。此外，通过科研活动，教师还能与学术界和行业内的专家建立更紧密的联系，这种人际网络资源的拓展不仅有助于教师获取更多的教学和研究机会，而且能够为学生提供更多的实践和学习平台。科研不仅是教师专业发展的重要途径，而且是提高教师教学能力、扩大教师影响力的关键因素。

## 五、加强行业交流与合作

### （一）电子商务行业的快速变化与教师与时俱进的必要性

目前，电子商务行业正经历着日新月异的发展，新的商业模式、技术应用和市场趋势不断涌现。在这样一个快速变化的环境中，电子商务教师必须与时俱进，才能确保教学内容和方法与行业需求紧密相连。为了实现这一目标，加强与行业的交流与合作显得尤为重要。通过与行业的交流，教师可以及时捕捉到最新的市场动态、技术发展和消费者需求的变化，从而将这些信息融入教学中，使学生所学知识更加贴近实际。同时，与行业合作也为教师提供了更多实践机会，有助于提高教师的实践能力和职业素养，进而提升教学质量。

### （二）参加行业会议与研讨会以拓宽专业视野

参加电子商务行业会议和研讨会是教师了解行业动态与前沿技术的重要途径，这些活动汇聚了众多业内专家和学者，他们分享的最新研究成果、实践经验和市场洞察，对于教师来说具有极高的参考价值。通过参与这些活动，教师不仅可以拓宽自己的专业视野，了解行业内最新的发展趋势和挑战，而且可以与其他专业人士建立联系，拓展人脉资源。这些经验和资源都可以转化为教学内容，为学生提供更广阔的知识视野和实践机会。此外，教师还可以将会议和研讨会中的讨论与观点引入课堂，激发学生的学习兴趣和思考能力。

### （三）与企业合作开展项目研究与实践教学活动的价值

与企业合作开展项目研究与实践教学活动是教师深入了解电子商务实际运作过程的有效方式。通过与企业合作，教师可以亲身参与电子商务项目的规划和实施，从而更直观地了解市场需求、业务流程和运营管理等方面的知识。这种合作模式不仅有助于提高教师的实践能力，而且能够为学生提供更多真实的实践机会。在企业环境中，学生可以接触到实际的电子商务运营场景，了解行业内的工作流程和技能要求，从而更好地为未来的职业生涯作好准备。同时，与企业的合作也为教师提供了将理论知识与实践相结合的平台，有助于提升教师的教学水平，提高教师的研究能力。

## 六、培养国际化视野

### （一）电子商务国际化趋势与教师国际化视野的重要性

随着全球化的深入发展，电子商务已逐渐成为连接世界各地市场的重要桥梁。其国际化趋势不仅体现在跨国交易的日益频繁，还体现在不同国家和地区的电子商务模式、法规、市场策略的多样性上。在这样的大背景下，电子商务教师具备国际化视野显得尤为重要。教师的国际化视野能够帮助他们更全面地理解全球电子商务的发展动态，进而引导学生分析和应对复杂的国际市场环境。通过了解不同国家和地区的电子商务发展状况与相关制度法规，教师可以为学生构建一个多维度的知识体系，使他们在未来的职业生涯中更具竞争力和适应性。

**（二）国际化视野下的电子商务知识体系建设**

具备国际化视野的电子商务教师能够为学生提供一个更加宽广和深入的学习平台。这要求教师不仅熟悉本国的电子商务实践，而且要对国际上的电子商务模式、技术趋势、市场策略等有深入的了解。通过对比不同国家和地区的电子商务实践，教师可以帮助学生分析各种商业模式的优劣，理解文化差异对电子商务策略的影响，并探讨如何在全球范围内进行有效的市场营销。此外，教师还可以引导学生关注国际电子商务法规的演变，培养他们的合规意识和风险防控能力。

**（三）教师国际化视野的培养路径与实践**

要培养电子商务教师的国际化视野，参加国际学术会议是一个有效的途径。在这些会议上，教师可以与来自世界各地的同行交流最新的研究成果和教学经验，从而拓宽自己的知识领域和教学方法。此外，访学交流也是提升教师国际化视野的重要方式。通过到不同国家和地区的学校或研究机构访学，教师可以更深入地了解当地的电子商务实践和相关制度环境，为自己的教学和科研积累宝贵的经验。除了参加国际学术会议和访学交流之外，教师还可以通过网络资源、国际合作项目等多种方式，持续关注和更新自己的国际化知识储备。这些经历不仅能提高教师的专业素养，而且能为培养具有国际竞争力的电子商务人才奠定坚实的基础。

## 第三节　激励机制与团队建设在师资队伍建设中的作用

### 一、激励机制在师资队伍建设中的作用

#### （一）增强教师工作积极性与提升教学质量

通过精心设计的奖励措施，这一机制能够有效地提高教师的工作热忱与投入度。其核心在于，当教师的工作成果获得应有的认可和奖励时，这种正向反馈不仅肯定了他们的努力，而且激发了他们进一步探索和创新的动力。电子商务作为一个快速发展的领域，要求教师不仅具备扎实的专业知识，而且需要拥有不断创新的能力，以适应行业的迅速变革。激励机制正是抓住了教师的这一需求，通过如教学优秀奖、科研成果奖等具体奖励措施，为教师提供了一个展示自己才华和能力的平台。这些奖项不仅是对教师过去工作的肯定，而且是对他们未来发展的期许。在这样的激励机制下，教师会更加积极地投身于教学和科研工作中，不断探索新的教学方法，更新课程内容，以适应电子商务领域的最新发展。他们会努力创新，以提升学生的学习效果为核心目标，从而确保教学质量得到显著提升。此外，这种激励机制还有助于营造一个积极向上的学术氛围。当教师看到自己的同事因为出色的教学和科研工作而获得奖励时，他们会受到鼓舞，进而形成一种良性的竞争环境。在这种环境中，教师会不断挑战自我，追求卓越，共同推动电子商务专业的发展。

#### （二）促进教师个人与职业发展

合理的激励机制不仅能够直接提升教师的工作热情，而且能够帮助教师明晰自己的职业定位和发展路径。在电子商务这一日新月异的领域中，教师需要不断适应新的技术和市场环境，因此明确的职业发展方向至关重要。通过精心设计的激励机制，如设立明确的职业晋升通道，可以为教师提供一个可预期的职业成长蓝图。这种晋升通道不仅是对教师工作能力的

认可，而且是一种长远的职业规划，它指引着教师逐步提高自己的专业素养，以适应更高级别的职位要求。同时，提供专业培训和发展机会也是激励机制中不可或缺的一环。电子商务领域的快速变化要求教师不断更新自己的知识储备，专业培训正是满足这一需求的有效途径。通过参与培训，教师可以接触到最新的行业知识和技术动态，从而保持自己的专业竞争力。这些措施是激发教师不断提高自身专业素养和科研能力的内在动力。当教师看到自己的职业发展有着明确的目标和可实现的路径时，他们会更加积极地投入自我提升的过程中，不断追求卓越。

### （三）增强教师队伍的稳定性

在电子商务这一充满活力的领域，人才流动虽为常态，但过高的流动率却可能给教学质量和学科发展带来不小的冲击。如何降低人才流动率，保持教师队伍的稳定性，成为电子商务师资队伍建设中亟待解决的问题之一。有效的激励机制在此便显得尤为关键。具有竞争力的薪酬待遇是稳定教师队伍的重要手段之一。合理的薪资体系不仅是对教师工作价值的直接体现，而且能在一定程度上增强教师的经济安全感，从而降低他们因薪酬待遇不满而选择离职的可能性。当教师感受到自己的付出得到了应有的经济回报时，他们对学校的归属感和忠诚度自然会随之提升。除了薪酬待遇之外，创造良好的工作环境同样重要。一个积极向上、和谐融洽的工作环境能够让教师更加专注于教学和科研工作，减少不必要的压力和干扰。这种环境的营造包括但不限于提供充足的教学资源、优化管理流程、建立公正透明的评价机制等。教师在这样的环境中工作，更有可能感受到学校的关心和支持，从而提升对学校的认同感和忠诚度。通过实施这些有效的激励机制，学校能够向教师传递出明确的信号：他们的努力和贡献是被看见与重视的。这种正向的反馈机制有助于提升教师的自我价值感，进而增强他们对学校的归属感和忠诚度。当教师感受到自己是学校不可或缺的一部分时，他们更有可能选择长期留在学校，为电子商务的教学和科研工作贡献自己的力量。

## 二、团队建设在师资队伍建设中的作用

### （一）促进教师间的交流与合作

团队建设在电子商务师资队伍建设中的重要性日益凸显，其核心理念在于强化团队成员间的协作精神与有效沟通。在电子商务这一多学科交叉、知识更新迅速的领域，通过加强团队建设，可以显著促进教师之间的深度交流与合作，进而实现教学资源和宝贵经验的广泛共享。这种交流与合作机制不仅对提升整体教学质量具有显著影响，而且能在科研领域发挥积极作用，加速科研成果的产出与推广。具体而言，通过定期的团队活动、研讨会、教学观摩等方式，电子商务教师能够围绕共同的教学目标展开深入探讨，分享各自在教学实践中的心得体会。这种交流不仅能够帮助教师发现自身教学方法的不足，而且能够使教师从同事的成功案例中汲取灵感，进而丰富自己的教学手段和策略。同时，教学资源的共享也使得每位教师都能更加高效地利用现有资源，从而增强课堂教学的趣味性和实效性。在科研方面，团队建设同样展现出不可忽视的价值。电子商务领域的科研工作往往需要跨学科的知识与技能，而团队建设正好提供了一个集思广益、协同创新的平台。在这个平台上，教师可以就共同感兴趣的科研课题进行深入探讨，分享研究数据和分析方法，共同攻克科研难题。这种合作模式不仅能够加快科研成果的产出速度，而且能够在一定程度上提升研究成果的质量。

### （二）培养团队合作精神与集体荣誉感

团队建设活动通常围绕着共同的目标和任务展开，要求团队成员在追求这些目标的过程中相互支持、密切协作。在这样的团队互动与合作中，电子商务教师能够逐步领悟团队合作的精髓，进而培养出深厚的团队合作精神和集体荣誉感。这种团队精神不仅是一种情感上的联结，而且是一种能够提升整个团队凝聚力和战斗力的强大力量。当团队成员都意识到自己的努力和贡献是团队成功不可或缺的一部分时，他们就会更加投入地参与团队活动，为共同的目标而努力。在电子商务领域，面对日新月异的技术变革和市场竞争，团队合作精神显得尤为重要。通过团队建设活动培养出

的集体荣誉感和团队协作精神，可以激发教师共同应对教学中的挑战，提升教学质量和效果。同时，这种团队精神也有助于推动电子商务学科的不断创新和发展。当教师能够在团队中相互学习、共同进步时，整个学科的水平和影响力也会随之提升。团队合作精神的形成使得电子商务教师能够更加高效地整合资源，共同开展科研项目，推动学科前沿的探索和实践。这种团队精神的培养不仅有助于提高电子商务师资队伍的整体素质，而且为学科的长远发展奠定了坚实的基础。

### （三）提升师资队伍的整体竞争力

在电子商务师资队伍建设中，加强团队建设的作用不容小觑，其能够产生超越个体简单相加的综合效应，即"1+1>2"的协同增益效果。通过精心构建的团队建设活动，可以有效地整合和优化教师资源，使得每名教师的专长和优势得到充分发挥，同时弥补各自的不足。这种整合通过相互间的协作与支持，形成合力，进而提升整个师资队伍的综合竞争力。这种竞争力的提升是全方位的。首先，在教学质量方面，团队成员间的交流合作，使得教学方法和手段的创新成为可能，教师们可以共同探讨和解决教学中遇到的问题，从而提升教学效果，使学生受益。其次，在科研创新方面，团队建设同样展现出巨大的潜力。通过集思广益、资源共享，电子商务教师可以共同攻克科研难题，推动学科前沿探索，产出更多高质量的科研成果。不仅如此，团队建设还能提高师资队伍在社会服务方面的能力。一个团结高效的团队，能够更好地响应社会需求，提供有针对性的电子商务解决方案，从而提升其社会影响力。这种整体竞争力的提升不仅为学校赢得了声誉，而且为电子商务专业的发展注入了新的活力。

## 第四节　教师角色转变和职业发展路径的规划与实践

### 一、电子商务教师角色的转变

#### （一）从知识传授者到学习引导者的转变

在传统的电子商务教学模式中，教师的角色多被定位为知识的单向传授者。他们负责将电子商务的理论知识和实操技能传授给学生，而学生则处于被动接受的状态。随着信息时代的到来，知识获取的方式和途径发生了翻天覆地的变化。互联网技术的飞速发展使得学生可以轻松地通过网络获取海量的学习资源，这无疑对传统的教学模式提出了挑战。面对这一变革，电子商务教师必须重新审视自己的角色定位，实现从知识传授者到学生学习引导者的华丽转身。这一转变要求教师拿起"导航仪"，在学生学习的海洋中为他们指引方向。作为学生学习过程中的引导者，电子商务教师需要具备敏锐的资源筛选能力。教师需要凭借自己的专业知识和教育经验，为学生筛选出具有针对性、系统性和前瞻性的优质学习资源，确保学生在自主学习的过程中能够接触到最有价值的信息。同时，教师还需要帮助学生整合这些学习资源，构建一个完整、有序的知识体系。通过引导学生对所学知识进行归纳、总结和提炼，教师可以帮助学生将零散的知识点串联起来，形成一条清晰的学习路径。

#### （二）从课堂主宰者到学习合作伙伴的转变

在传统的课堂教学模式中，教师常常扮演着课堂主宰者的角色，全面掌控教学内容的选择与教学进度的安排。在电子商务这一特定领域中，技术的迅速发展和持续创新对学生提出了更高的要求，特别是对实践能力和创新精神的要求。这种新的教育背景要求电子商务教师必须转变传统的教学方式，以适应行业发展的需要。电子商务教师需要与学生建立起一种更为平等、互动的师生关系。在这种新型的教学关系中，教师和学生是共同探索、共同进步的伙伴关系。教师应该鼓励学生积极参与课堂讨论，提出自己的观点和见解。这不仅能够激发学生的学习兴趣，而且能够培养他们的批判性思维和创新能力。同时，面对电子商务领域新知识和新技术的不断涌现，教师需要与学生一起，以开放的心态迎接这些挑战。教师应该引导学生关注行业动态，了解最新的技术发展，并与他们一起探讨这些技术如何应用于实际商业环境中。通过这种共同探索的过程，学生不仅能够更加深入地理解电子商务的实质，而且能够在实践中不断提升自己的技能和能力。此外，电子商务教师在与学生合作解决问题的过程中，也能够促进双方共同成长。教师应该鼓励学生面对问题时采取主动的态度，与他们一起分析问题、寻找解决方案。这种合作式的学习方式不仅能够提高学生的实践能力，而且能够帮助他们建立起团队合作和沟通协作的能力，为他们未来在电子商务领域的职业发展奠定坚实的基础。

**（三）从单一学科教师到跨学科合作者的转变**

电子商务作为一个融合了市场营销、信息技术、物流管理等多个学科的综合性领域，其深度和广度都对从业者，尤其是电子商务教师提出了极高的要求。在这一背景下，电子商务教师不仅要精通本专业的核心知识和技能，而且要拥有跨学科的视野和能力，以便更好地适应这一多元、交叉的学科特点。具备跨学科的知识和技能，意味着电子商务教师需要不断拓宽自己的学习领域，积极汲取其他相关学科的营养。市场营销的策略与消费者行为学、信息技术的数据处理与网络安全、物流管理的供应链优化与仓储技术等，都是电子商务教师需要了解和掌握的重要内容。这种跨学科的知识储备不仅能够丰富教学内容，提升教学质量，而且有助于教师形成更为全面、深入的专业见解。与此同时，电子商务教师还需要具备与其他学科教师进行有效合作的能力。这种合作不仅包括教学资源的共享和教学方法的交流，而且包括共同研发综合性的课程项目，以培养学生的综合素养和创新能力。在跨学科的合作中，电子商务教师可以与其他学科的教师共同设计教学任务、制订教学计划，将不同学科的知识和技能有机地融合在一起，从而为学生提供更加全面、系统的学习体验。通过跨学科的合作，电子商务教师可以帮助学生建立起更加宽广的知识体系，培养他们的多元思维和创新能力。这种综合性的培养模式不仅能够提高学生的专业素养，而且能够使他们在面对复杂、多变的电子商务环境时，游刃有余地应对各种挑战。

## 二、电子商务教师职业发展路径的规划

### （一）明确职业目标与发展方向

1. 深入分析个人兴趣、特长与职业价值观

电子商务教师在规划自己的职业发展时，首要任务是深入了解自己。这不仅包括认清个人的专业兴趣、教学特长，而且包括明确自己的职业价值观。这一自我认知过程为教师提供了清晰的职业定位，有助于确定最适合自己的教学或研究领域。在兴趣方面，教师需要思考自己对电子商务的哪些方面最为热衷，是对网络营销策略有独到见解，还是对电子商务技术创新充满热情。这种兴趣不仅会影响教师的教学风格和内容选择，而且会激发教师持续学习和进步的动力。特长是指教师在电子商务领域具备的独特能力或优势，如精通某一特定技术、擅长数据分析、拥有丰富的实战经验。了解自己的特长有助于教师在职业生涯中扬长避短，形成自己的教学特色和研究专长。职业价值观是指导职业选择和发展的深层次信念和原则。对于电子商务教师而言，是看重知识的传授、技能的培养，还是注重学生的全面发展、创新精神的激发，这些都会影响其教学理念和职业追求。

2. 关注行业发展动态与市场需求

除了深入了解自己之外，电子商务教师还需要密切关注电子商务行业的最新发展动态和市场需求。电子商务是一个快速变化的领域，新的技术、模式和理念不断涌现，这就要求教师必须保持敏锐的市场洞察力，以便及时调整自己的教学内容和研究方向。具体来说，教师可以通过多种渠道获取行业信息，如参加电子商务相关的学术会议、研讨会，订阅行业资讯，关注电子商务领域的权威媒体和社交平台等。这些信息来源不仅有助于教师了解当前行业的热点和趋势，而且能提供宝贵的教学案例和研究素材。在了解行业动态的基础上，教师还需要对市场需求进行分析。这包括

企业对电子商务人才的需求变化、学生对电子商务知识和技能的期望等。通过市场需求分析，教师可以更有针对性地设计课程内容和教学方式，确保所教授的知识和技能能够满足当前和未来一段时间内的市场需求。此外，教师还应根据行业发展和市场需求的变化，不断调整自己的职业发展方向。例如，随着大数据、人工智能等技术在电子商务中的广泛应用，教师可以考虑深化这些领域的研究和教学；随着跨境电商的兴起，教师可以关注并研究这一新兴领域的特点和趋势。

**（二）提高专业素养与教育技能**

1. 深化电子商务理论与实践技能的学习

电子商务领域涉及广泛，包括但不限于网络营销、电子支付、供应链管理等多个方面，每个方面都有其独特的理论体系和实践技巧。教师需要系统地学习这些理论知识，理解其内在逻辑和相互关系，以便能够全面、准确地传授给学生。在理论学习的基础上，实践技能的提升同样重要。电子商务是一个实战性很强的领域，教师需要具备实际操作的能力，以便更好地指导学生进行实践活动。这包括但不限于电子商务平台的运营、数据分析工具的使用、网络安全管理等方面的技能。通过亲身实践，教师可以更直观地理解电子商务的运作机制，从而在教学中更加得心应手。此外，教师还应关注电子商务领域的最新研究成果和前沿动态。随着技术的不断进步和市场环境的变化，电子商务的理论和实践也在不断发展。教师需要保持敏锐的洞察力，及时捕捉这些变化，并将其融入教学中，确保教学内容的时效性和实用性。

2. 掌握现代教学方法与技术动态

随着教育技术的快速发展，传统的教学方式已经难以满足现代教育的需求。教师需要积极探索并应用新的教学方法，以提升教学效果和学生的学习兴趣。在线教育是当前教育领域的一大趋势。利用网络平台和多媒体技术，教师可以打破时间和空间的限制，为学生提供更加灵活多样的学习方式。例如，教师可以制作在线课程、开展网络直播教学、利用社交媒体与学生互动等。这些方式不仅可以提高学生的参与度，而且可以帮助教师及时了解学生的学习情况，以便进行针对性的指导。混合式教学也是一种值得尝试的教学方法。它将传统课堂教学与在线学习相结合，充分发挥两者的优势，提升教学效果。在混合式教学中，教师可以在课堂上进行重点讲解和实操演示，同时利用在线平台提供丰富的学习资源和交互功能，让学生在课下进行自主学习和协作交流。

**（三）拓展跨学科知识与合作能力**

一方面，电子商务不仅仅是电子商务平台的运营和交易，更涉及市场营销策略的制订、消费者行为的心理分析、数据的精准分析、高效的物流管理等方面。电子商务教师必须不断拓展自己在这些相关领域的知识储备。在市场营销方面，教师需要深入理解市场细分、目标市场定位、产品定价策略、促销策略等关键要素，以便指导学生在激烈的市场竞争中脱颖而出。同时，对消费者行为学的研究也不可忽视，它有助于教师更好地理解消费者的需求与偏好，从而制订出更为精准的市场策略。教师需要掌握数据收集、处理和分析的基本技能，以便从海量的交易数据中提炼出有价值的信息，为企业决策提供支持。这种能力不仅有助于教师自身的学术研究，而且能帮助学生在未来的职业生涯中更好地应对数据驱动的商业环境。教师需要了解物流系统的基本构成、运作流程、优化方法，以便指导学生如何提高物流效率、降低运营成本。此外，随着供应链管理思想的兴起，教师还需要关注供应链中的协同与整合问题，培养学生的全局观和系统思考能力。

另一方面，教师需要主动寻求与其他学科教师的合作机会，通过参加学术研讨会、教学沙龙等活动，教师可以结识更多来自不同学科背景的同行，共同探讨电子商务领域中的跨学科问题。这种交流不仅能够激发新的研究思路，而且能够为教师提供宝贵的教学资源。教师在合作过程中需要注重团队精神的培养，因为跨学科的合作往往涉及不同专业领域的交融与碰撞，这就要求教师必须具备开放的心态和包容的态度。通过相互尊重、理解和支持，教师可以与团队成员建立起良好的工作关系，共同推动项目的进展。教师需要不断提升自己在团队合作中的贡献度，包括积极参与课程项目的规划与设计、提供有针对性的教学建议、分享自己在电子商务领域的实践经验等。通过不断的努力与付出，教师可以赢得团队成员的信任与尊重，从而为跨学科合作奠定坚实的基础。

**（四）参与科研与学术交流活动**

第一，通过深入参与科研项目，教师能够系统地探索电子商务领域的未知问题，不断拓宽自己的学术视野。这种探索不仅有助于教师深化对专业知识的理解，而且能激发创新思维，推动电子商务学科的前沿发展。在参与科研活动的过程中，教师需要阅读大量的文献，了解国内外的研究现状和发展趋势，这有助于教师把握学科的发展脉络，避免重复研究，从而确保自己的研究具有前瞻性和创新性。同时，科研项目的实施往往需要教师与团队成员紧密合作，这不仅锻炼了教师的团队协作能力，而且促进了知识、技能和经验的共享。此外，科研成果的产出也是评价教师学术水平的重要指标之一。通过发表学术论文、申请专利、开发新产品或技术等方式，教师可以展示自己的研究成果，提升自身在学术界的影响力，进而为今后的职业发展创造更多的机会。

第二，通过参加学术会议、研讨会、讲座等形式的交流活动，教师可以与来自不同背景、不同研究领域的专家学者进行深入的探讨和交流。这种跨领域的学术交流有助于教师打破思维定式，从不同的角度审视电子商务领域的问题，从而激发新的研究灵感。在学术交流中，教师还有机会接触到最新的研究方法、技术和理论模型，这对于更新自己的知识体系、提高研究能力具有重要意义。同时，通过与同行交流，教师可以及时了解自己研究成果的优缺点，以便在今后的研究中加以改进和完善。除了专业知识的交流外，学术交流活动还能帮助教师建立广泛的人脉。这些关系不仅可以为教师提供宝贵的学术资源和合作机会，而且可以在今后的职业发展中提供有力的支持。通过与业内专家的深入交流，教师还可以获取更多关于行业动态、发展趋势和就业机会的信息，为自己的职业规划提供有力的指导。

## 三、教师职业发展实践

### （一）拓展校企合作与产教融合

校企合作模式不仅搭建了教育与产业之间的桥梁，而且为教师提供了一个深入了解企业实际运作的窗口。通过与企业建立紧密的合作关系，电子商务教师能够直接触及行业的脉搏，洞察企业在电子商务运营中所面临的各种挑战与机遇。[①]这种深度的行业接触使得教师能够更准确地把握企业对电子商务人才的需求方向，从而在教学过程中更加有的放矢，确保教育内容与行业发展紧密结合。同时，产教融合作为一种新型的教育模式，其核心理念在于将理论知识与实践操作相融合，以此提高学生的实际应用能力和问题解决能力。对于电子商务教师而言，参与企业的实际项目是实现产教融合的有效途径。在项目执行过程中，教师不仅可以将课堂上学到的理论知识应用于实践，而且可以在实践中不断发现和解决问题，从而深化对电子商务领域的理解。这种理论与实践的紧密结合不仅可以提高教师的实践能力，而且可以反哺课堂教学，使教学内容更加生动、实用。

**（二）关注学生的全面发展**

作为电子商务教师，其职业发展的核心应聚焦于学生的全面发展，这不仅包括学生对电子商务专业知识的掌握，而且涵盖其综合素质的培养。在知识层面，教师应确保学生能够熟练掌握电子商务的基本理论、技术和应用，这是学生未来职业生涯的基石。然而，单纯的知识积累已无法满足当今社会对人才的要求。教师必须着眼于更深层次的能力培养，特别是创新思维、团队协作能力、社会责任感。创新思维是现代电子商务领域的核心竞争力，它要求学生能够独立思考，勇于挑战传统，提出并实施新的想法和解决方案。为此，教师可以通过开展创新项目、创业比赛等活动，激发学生的创新思维，培养其解决问题的能力。团队协作能力也不可忽视。在电子商务领域，跨部门的合作与沟通至关重要。教师可以通过组织团队项目、角色扮演等活动，帮助学生学会在团队中发挥自己的作用，提高团队协作能力。电子商务不仅关乎商业利益，而且涉及消费者权益、数据安全等社会问题。教师可以通过案例分析、社会调研等方式，引导学生关注社会问题，培养其社会责任感。为实现上述目标，教师可以通过组织丰富的课外活动，如电子商务竞赛、行业研讨会等，以及实习实训项目，让学生在实践中学习，全面提

---

① 明小波，冉敏，刘毅. 电子商务运营基础［M］. 重庆：重庆大学出版社，2022.

升其知识、技能，提高其素养。这些活动不仅能帮助学生深化对电子商务的理解，而且能为其未来的职业发展奠定坚实的基础，使其成为具备高度创新思维、团队协作能力和社会责任感的优秀电子商务人才。

### （三）持续学习与自我提升

在电子商务这一日新月异的行业中，持续学习对于教师而言不仅是职业要求，而且是专业成长的必由之路。电子商务技术的快速发展、市场环境的不断变化，要求教师必须保持敏锐的洞察力和强烈的求知欲，以便及时捕捉行业的新趋势、新技术和新理念。为此，教师需要秉持持续学习的态度，通过多元化的学习途径，不断更新与扩充自身的知识和技能储备。具体而言，教师可以通过定期参加专业培训、研讨会和工作坊，接触与学习最新的电子商务理论和实践成果。这些活动不仅有助于教师了解前沿知识，而且能提供与同行交流的平台，促进教育理念和教学方法的碰撞与融合。阅读专业书籍和学术期刊也是教师持续学习的重要途径。通过阅读，教师可以深入探究电子商务的细分领域，了解不同学者的观点和见解，从而丰富自己的知识体系。关注行业动态也是必不可少的。教师可以通过订阅行业报告、参加行业会议等方式，及时获取电子商务行业的最新动态和市场趋势，确保自己的教学内容与实际应用紧密结合。在持续学习的过程中，教师还应注重自我反思和总结。通过回顾自己的教学实践，分析教学效果，教师可以发现自己的不足，并有针对性地改进教学方法和手段。这种反思和总结的过程不仅能提升教师的教学效果，而且能促进教师的个人成长和专业发展。

# 参考文献

［1］彭丽芳. 电子商务［M］. 北京：人民邮电出版社，2022.

［2］李军. 电子商务创新创业［M］. 北京：北京理工大学出版社，2020.

［3］钟诚，吴明华. 电子商务安全第3版［M］. 重庆：重庆大学出版社，2023.

［4］张武钢，张建茹. 电子商务原理及应用［M］. 长春：吉林人民出版社，2023.

［5］明小波，冉敏，刘毅. 电子商务运营基础［M］. 重庆：重庆大学出版社，2022.

［6］叶小蒙，陈瑜，陈晓龙. 电子商务人才培养与教学体系建设研究［M］. 北京：中国商业出版社，2021.

［7］芦亚柯，刘章勇. 电子商务教学与实践研究［M］. 长春：吉林教育出版社，2018.

［8］杨沁作. 电子商务实验教学的理论与实践研究［M］. 哈尔滨：哈尔滨出版社，2024.

［9］薛巍. 项目教学法在电子商务教学中的应用［J］. 新课程教学（电子版），2024（6）：180–182.

［10］王东波. 电子商务专业实践基地建设探索与实践［J］. 商场现代化，2020（23）：33–35.

［11］孙霏. 电子商务专业教学改革与实践探索［J］. 湖北开放职业学院学报，2024，37（3）：189–190+193.

［12］陈小芳. 电子商务专业校外实训实习基地建设的实践与思考

〔J〕．辽宁科技学院学报，2016，18（2）：70–72.

〔13〕朱童，尚丽娟．基于系统科学视角构建电子商务综合实验智慧课堂〔J〕．中国现代教育装备，2023（23）：22–25.

〔14〕胡治芳．新文科背景下"电子商务概论"跨界融合教学改革探索〔J〕．山西经济管理干部学院学报，2023，31（4）：76–80.

〔15〕薛聪．产学研协同视阈下电子商务人才培养的创新研究〔J〕．商展经济，2021（17）：91–93.

〔16〕邱浩然，迟超，王云．校企协同技术技能积累对电子商务专业教学质量影响的研究〔J〕．职业技术，2024，23（1）：72–77.

〔17〕孟祥梅．基于课堂革命的"电子商务法"课程教学改革实践〔J〕．科学咨询（教育科研），2023（11）：129–131.

〔18〕李远远．以协同育人理念推动电子商务专业校企合作研究〔J〕．造纸装备及材料，2022，51（3）：224–226.

〔19〕魏梅．本科院校电子商务课程教学效果评价指标体系的构建〔J〕．黑龙江科学，2024，15（1）：72–74.

〔20〕张敏．电子商务法课程开展项目式学习混合式教学探析〔J〕．河北北方学院学报（社会科学版），2023，39（5）：82–84.

〔21〕范菡．翻转课堂教学模式在电子商务基础课程中的应用〔J〕．职业，2023（19）：44–46.

〔22〕陈秋雪．电子商务课程的教学设计和实践〔J〕．电子技术，2023，52（10）：262–263.

〔23〕王琰，闫雨薇．大数据背景下电子商务专业的教学改革研究〔J〕．老字号品牌营销，2023（19）：176–178.

〔24〕赵甜，李增辉．产教融合模式下电子商务专业实践教学创新研究〔J〕．老字号品牌营销，2024（10）：234–236.

〔25〕林云芳．以实践能力为中心的电子商务概论课程实训教学方法研究〔J〕．山西青年，2024（12）：87–89.

〔26〕李云松，方立宇．新商科背景下应用型本科院校《电子商务》课程教学改革和实践〔J〕．老字号品牌营销，2024（12）：200–202.

［27］许燕．电子商务专业人才培养的博雅模式创新实践——以某地方高校为例［J］．经济师，2024（8）：183-184+187.

［28］梁珏菲．电子商务专业实践能力培养的教学改革探究［J］．福建轻纺，2024（5）：65-67.

［29］李增辉，赵甜．数字时代学校跨境电子商务课程教学模式研究［J］．老字号品牌营销，2024（9）：210-212.

［30］王晶．电子商务数据分析课程与学生实践能力培养融合性教学模式初探［N］．河南经济报，2024-04-27（010）.

［31］李文涛，孙雨耕．实践育人：应用型本科院校电子商务专业实践课程体系构建策略的再思考［J］．中国职业技术教育，2020，28（2）：38-43.

［32］李立威，薛万欣，中美高校电子商务本科专业教育比较研究［J］．现代情报，2011，31（2）：115-118+121.

［33］沈忠华，地方高校应用型人才培养的探索与实践——以电子商务专业为例［J］．中国大学教学，2015，37（11）：48-49.

［34］彭岚，王娟涓．高校电子商务应用型人才培养的问题与对策［J］．教育理论与实践，2020，40（30）：13-15.

［35］罗胜．应用型本科院校电子商务专业实验教学改革探讨［J］．科教文汇（上旬刊），2021（10）：112-113.

［36］王昂．电子商务（运营）本科专业人才培养模式研究［J］．山西农经，2020（11）：110-112.

［37］林敏军．应用型本科院校电子商务专业实践教学改革研究［J］．大学，2020（19）：40-41.